Christian Comlanvi Agbémingnon Combé

Initiation à l'apprentissage de la vie

Christian Comlanvi Agbémingnon Combé

Initiation à l'apprentissage de la vie

Éditions Vie

Imprint
Any brand names and product names mentioned in this book are subject to trademark, brand or patent protection and are trademarks or registered trademarks of their respective holders. The use of brand names, product names, common names, trade names, product descriptions etc. even without a particular marking in this work is in no way to be construed to mean that such names may be regarded as unrestricted in respect of trademark and brand protection legislation and could thus be used by anyone.

Cover image: www.ingimage.com

Publisher:
Éditions Vie
is a trademark of
International Book Market Service Ltd., member of OmniScriptum Publishing Group
17 Meldrum Street, Beau Bassin 71504, Mauritius

Printed at: see last page
ISBN: 978-613-9-58861-9

INITIATION A L'APPRENTISSAGE DE LA VIE

Christian C. A. COMBÉ

PRÉFACE

Indépendamment de notre condition sociale, notre conviction religieuse, notre genre, notre race, notre origine et notre culture, *il nous arrive de traverser certaines situations de la vie qui suscitent de notre part des questionnements interminables sur la vie* nous amenant *parfois à prendre de nouvelles résolutions en ce qui nous concerne, le plus souvent à examiner d'autres facettes desdites situations* et *presque toujours à faire l'exercice de la réflexion approfondie et impartiale pour cerner le sens caché des situations vécues.*

Cette forme de réflexion occasionnelle, même si elle est menée avec beaucoup d'amertumes et de difficultés a le mérite de *contribuer efficacement à notre santé mentale et spirituelle* et de *servir de couloir de transmission pour accéder à l'expansion de la conscience et au développement des facultés extrasensorielles telles que l'intuition, la clairvoyance, la clairaudience*…etc.

Le rêve d'insuffler à la nature humaine des valeurs sûres pour assurer l'harmonie sociale et accompagner le développement dans toutes ses dimensions nécessite la formation des têtes bien faites nanties des comportements d'exemplarité intégrant la substance des tenants et aboutissants de l'échelle de valeurs indispensables au développement harmonieux de la communauté et passe par une accoutumance à cette forme de réflexion qui ne fera qu'agrandir en eux cette flamme d'originalité et les aider à combler ce besoin de contribuer à l'érection d'une communauté respectable et prospère.

Le présent livre intitulé **Initiation à l'apprentissage de la vie** s'adresse aux associations dont le but est d'éveiller en leurs membres des aptitudes de réflexion approfondies sur leurs quotidiens, aux écoles spirituelles, aux personnes physiques désireuses d'utiliser ces quelques textes basés sur des thématiques bien définies pour booster leurs capacités à cerner et à s'harmoniser avec leurs quotidiens. L'amour des énigmes ainsi que la soif d'apprendre de la vie pourraient aussi guider favorablement d'autres vers cet ouvrage qui donnera aux uns et aux autres l'essentiel dont ils auront besoin.

Il est conseillé aux lecteurs, pour tirer vraiment profit de cet ouvrage, de non seulement lire chacun de ces textes et de faire l'effort nécessaire pour cerner leurs sens profonds mais aussi et surtout de se mirer par rapport aux différents enseignements qui se dégagent de la compréhension desdits textes en vue de mesurer les éventuels écarts négatifs et d'agir pour les combler.

Christian C. A. COMBÉ

Email : peacelifegoeson77@yahoo.com – Téléphone (+229) 66 44 81 82 / 94 68 88 17

THÈMES ABORDÉS

Email : peacelifegoeson77@yahoo.com – Téléphone (+229) 66 44 81 82 / 94 68 88 17

Email : peacelifegoeson77@yahoo.com – Téléphone (+229) 66 44 81 82 / 94 68 88 17

Texte n°1 : Prière de Gandhi

Aide -moi à dire la vérité devant les forts,

et à ne pas dire de mensonges pour gagner les applaudissements des faibles.

Si tu me donnes la fortune,

ne me retire pas la raison.

Si tu me donnes le succès,

ne me retire pas l'humilité.

Si tu me donnes l'humilité,

ne me retire pas la dignité.

Aide -moi toujours à voir le revers de la médaille,

ne me laisse pas inculper les autres de trahisons,

s'ils ne pensent pas comme moi.

Apprends-moi à aimer les gens comme moi-même.

Ne me laisse pas tomber dans l'orgueil si je triomphe,

ni dans le désespoir si j'échoue.

Rappelle-moi plutôt que l'échec est l'expérience qui précède au triomphe.

Apprends-moi que pardonner est un signe de grandeur et

que la vengeance est un signe de bassesse.

Si tu me retires le succès,

laisse-moi des forces pour apprendre l'échec.

Si j'ai offensé des gens, laisse-moi la valeur pour m'excuser et

Email : peacelifegoeson77@yahoo.com – Téléphone (+229) 66 44 81 82 / 94 68 88 17

si les gens m'offensent donne-moi la valeur pour pardonner.

Si j'oublie de croire...

Surtout, ne m'oublie jamais !

BONNE MÉDITATION

Email : peacelifegoeson77@yahoo.com – Téléphone (+229) 66 44 81 82 / 94 68 88 17

Texte n°2 : L'amour inconditionnel, une valeur en voie de disparition

Depuis l'origine des temps, l'humanité n'a cessé d'être sujette à des mutations diverses et à des situations peu reluisantes dues à la recherche d'intérêts variés (hégémonie, domination, profit, avantage pécunier et ou matériel, satisfaction morale, satisfaction de l'orgueil personnel..etc) par certains humains.

Cet état de chose, mené souvent de façon à miroiter une volonté d'apporter un plus aux autres est devenu monnaie courante et si criard que la question *agissons-nous encore de nos jours pour le bien-être des autres sans avoir des motivations personnelles (intérêts de n'importe quelle nature) cachées derrière notre tête?* mérite d'être posée et méditée.

En réalité, le fait de *jouer au désintéressé* est devenu aujourd'hui la mode en ce sens qu'avec une observation pointue, on se rend compte que *les humains s'attendent toujours à quelque chose en compensation de la plus petite action qu'ils mènent à notre endroit*.

Approchés par rapport à la préoccupation, les grands initiés on fait savoir que c'est la désintégration de cette valeur au sein de la société qui justifie:

- ✓ la généralisation de l'esprit concurrentiel
- ✓ l'augmentation des frustrations
- ✓ la difficulté du maintien d'un climat de paix
- ✓ l'accentuation des inégalités et de la pauvreté
- ✓ l'accroissement du manque de confiance mutuelle et de l'individualisme
- ✓ l'accentuation des difficultés et complications

......

Pour eux, le réflexe de l'apport d'un plus à son milieu sans nécessairement s'attendre à quelque chose en retour est l'élément central qui:

- ✓ améliore le monde,
- ✓ rend le monde plus vivable,
- ✓ renforce l'esprit de fraternité,

Email : peacelifegoeson77@yahoo.com – Téléphone (+229) 66 44 81 82 / 94 68 88 17

- ✓ fait réaliser que nous sommes un et que le bien-être des uns est lié à celui des autres,

....

Deepak Chopra a abondé dans le même sens dans son ouvrage ***les sept lois spirituelles du succès*** lorsqu'il faisait allusion au dharma (fait de trouver une réponse à la question *Que puis-je apporter à mon entourage indépendamment d'une quelconque reconnaissance?*) comme une loi du succès.

Il va de notre intérêt de nous remettre en question car *les obstacles à l'amélioration des conditions de vie au sein de notre communauté sont rarement liés à des causes ne relevant en rien de nos mentalités et de nos actions quotidiennes.*

Prenons garde et jouons efficacement notre partition dans le développement de notre communauté.

BONNE MÉDITATION

Email : peacelifegoeson77@yahoo.com – Téléphone (+229) 66 44 81 82 / 94 68 88 17

Texte n°3 : Être le gardien de son frère, une pratique qu'on peine à retrouver dans les habitudes de nos jours

La notion de fraternité qui à première vue renvoie à un lien de familiarité induit par le fait d'avoir au moins un géniteur en commun s'est progressivement généralisée à la faveur des relations de voisinage, de contiguïté, de partage, de collaboration, de cohabitation, d'échange d'informations...etc

Le constat cependant est que malgré ce fait, il y a recrudescence:

- ✓ des manipulations,
- ✓ des trahisons,
- ✓ des conspirations,
- ✓ des actes privilégiant l'intérêt personnel au détriment de l'intérêt général,
- ✓ des pratiques dont la finalité est de chosifier l'autre,
- ✓ de l'esprit de concurrence,

......

Ces faits démontrent bel et bien qu'aujourd'hui, le semblant et la prééminence de l'aspect mercantile et matérialiste de l'existence sont non seulement d'actualité mais aussi et surtout que l'humanité tend vers un stade de son évolution où ce qui importe se limite à la capacité de tirer profit des autres.

Dans ces conditions, il n'est pas étonnant de voir des personnes qui se disent être des frères:

- ✓ se jouer des coups bas,
- ✓ ne pas oser se dire la vérité,
- ✓ se plaire à être une porte ouverte pour détruire les autres,
- ✓ constituer la source du malheur des autres,
- ✓ se supporter dans le faux,
- ✓ utiliser les autres généralement contre leur gré ou à leur insu pour atteindre des objectifs personnels,
- ✓ ne pas avoir de la compassion pour les autres lorsqu'ils sont en difficulté,
- ✓ se réjouir du malheur des autres,

Email : peacelifegoeson77@yahoo.com – Téléphone (+229) 66 44 81 82 / 94 68 88 17

......

Nous ne devons pas continuer à nous voiler la face par rapport à ce fait qui ne cesse de prendre du terrain car, si les relations humaines se compliquent en se désintégrant à une vitesse exponentielle de nos jours et que la paix du cœur, la confiance mutuelle et la tranquillité d'esprit désertent lentement mais sûrement la société, ces comportements n'en sont pas pour peu.

Pour une cohésion sociale et un développement communautaire adéquat, nous devons non seulement réintégrer dans notre conscience l'essence de l'expression *sois le gardien de ton frère* mais aussi et surtout en faire une boussole pour nos actions quotidiennes.

BONNE MÉDITATION

Email : peacelifegoeson77@yahoo.com – Téléphone (+229) 66 44 81 82 / 94 68 88 17

Texte n°4 : Chercher à plaire à tout le monde, la plus grande erreur de notre ère

De nos jours et depuis la nuit des temps, beaucoup de personnes sont fascinées par le fait d'être en bon terme avec tout le monde indépendamment des sacrifices que cela demande et de l'instabilité que cela peut parfois entrainer en ce qui les concerne. L'essentiel pour eux est de s'entendre avec tout le monde même s'il faut faire semblant ou jouer à l'hypocrisie pour simuler une atmosphère de paix.

Cet état de chose est devenu si populaire surtout dans les groupes, les équipes, les collectivités...etc qu'on se demande *s'il faut au nom de l'entente avec les autres porter entorse à nos propres principes de vie ou simplement faire de l'acceptation des autres et de l'adaptation aux situations notre cheval de bataille dans la vie.*

Une analyse approfondie de la question permet de se rendre compte que quelle que soit notre bon sens, notre dévouement envers autrui, notre habitude à secourir autrui ou à nous sacrifier pour les autres, si nous essayons d'être tout pour tout le monde, nous deviendrons rien à personne.

Chercher à plaire à tout le monde est une erreur grave qui non seulement est irréalisable physiquement parlant mais aussi et surtout conduit à perdre la moindre considération de tout le monde.

Celui ou celle qui cherche à plaire à tout le monde n'est honnête ni envers lui-même, ni envers les autres. Il ou elle ne pourra pas se laisser conduire pas des valeurs telles que l'intégrité, la loyauté, la sincérité, la fidélité, la dignité, l'impartialité, la simplicité, l'équité....etc et au finish, même le peu de personnes qui l'appréciaient sincèrement finiront par se rendre compte qu'il ou elle a une nature changeante, instable au gré des situations et qu'on ne peut pas compter sur lui ou sur elle. C'est ainsi qu'il ou elle perdra l'estime de tout le monde...devenant ainsi rien pour personne.

Il faudra donc:

- ✓ connaître ses forces et ses faiblesses,
- ✓ avoir des principes clairs et spécifiques ainsi que des règles de guidance strictes,
- ✓ faire l'effort de les respecter du mieux que nous pouvons,
- ✓ faire avec ceux ou celles qui arrivent à nous comprendre dans notre façon d'être et surtout,

Email : peacelifegoeson77@yahoo.com – Téléphone (+229) 66 44 81 82 / 94 68 88 17

- ✓ ne pas être gêné du fait que certains ne nous apprécient pas où que nous n'arrivons pas à marquer positivement certaines personnes.

En clair, acceptons que certains nous apprécient pour ce que nous sommes et que d'autres nous en veulent ou nous détestent pour la même cause. Il n'est pas question de tenter de voiler sa nature pour se faire apprécier par ceux que notre nature intrinsèque gène ou être en bon terme avec eux mais d'accepter le fait et de faire avec.

Il nous faut retenir que tout le monde ne peut pas nous apprécier quelles que soient les bons comportements ou l'exemplarité naturelle dont nous faisons preuve.

Ceci ne doit pas être pris comme un appel à la division mais plutôt comme un appel à l'honnêteté envers soi-même et envers les autres dans la vie car même si nous arrivons à donner à tout le monde l'impression que nous les digérons, nous demeurons néanmoins conscients que nous nous obligeons au non-respect de nos propres règles de guidance et d'harmonie intérieure.

BONNE MÉDITATION

Email : peacelifegoeson77@yahoo.com – Téléphone (+229) 66 44 81 82 / 94 68 88 17

Texte n°5 : L'équilibre émotionnel, un état d'esprit indispensable à l'expansion de la conscience

Indépendamment de notre race, de notre origine, de notre position géographique, de notre croyance, de notre classe sociale et de notre culture, il demeure une évidence que sous ce soleil, *les situations rencontrées et/ou vécues ne s'alignent pas toujours avec les aspirations individuelles*. Cet état de chose induit très souvent chez les uns et les autres des réactions émotionnelles variées pouvant prendre l'une quelconque des occurrences ci-après :

- ✓ silence passif et permissif
- ✓ silence méditatif
- ✓ silence contemplatif
- ✓ refus catégorique d'admettre ce qui se passe
- ✓ plaintes intempestives
- ✓ riposte violente à l'encontre de ce qui se passe

....

Ces réactions conduisent le plus souvent à la perte de:

- ✓ la tranquillité d'esprit
- ✓ l'impartialité du sens d'observation
- ✓ la capacité à maintenir une position d'observateur et non de victime

.....

L'équilibre émotionnel, l'autre façon de désigner le fait de maintenir un état émotionnel stable quelles que soient les situations rencontrées et/ ou vécues, se définit comme un état émotionnel dont la caractéristique principale est le fait de ne pas se laisser perturber et influencer négativement pas les situations traversées dans la vie. Il s'agit de cet état qui :

- ✓ fait de l'individu un observateur impartial de la situation dans laquelle il se trouve
- ✓ lui permet de ne pas se laisser affecter par les méandres de la vie au point de perdre les pédales

- ✓ lui donne de la hauteur par rapports aux situations et lui fait expérimenter la supériorité de sa nature spirituelle sur l'aspect changeant du monde matériel
- ✓ lui fait découvrir les choses dans leurs différentes formes et explorer les facettes variées des situations sans s'en mêler

......

La non intégration par l'individu des bases de l'équilibre émotionnel dans ses comportements de tous les jours lui fait traverser l'existence en perpétuel combattant passant tout son temps à lutter contre telle ou telle situation et ruminant jour et nuit de l'amertume à l'encontre de la vie (alors que la vie est belle). Dans ces conditions, il n'apprend pas des situations, ne grandit pas sur le plan de la conscience mais développe constamment de l'adversité par rapport à elles.

En réalité, les situations ne demandent qu'à être comprises et à être utilisées convenablement. C'est certainement ce que les grands initiés ont cerné et qui les amène à dire que *ce qui arrive n'est pas important mais c'est la façon dont l'individu prend ce qui arrive qui est déterminant.*

Dans chaque situation, avant de se laisser aller, posons-nous ces quelques questions:

- ✓ La situation me vise-t-elle?
- ✓ Que me montre la situation?
- ✓ Pourquoi c'est à moi qu'une telle situation arrive?
- ✓ ou
- ✓ Qu'ai-je fait pour autoriser l'irruption d'une telle situation ?
- ✓ Est-ce qu'en m'insurgeant contre cette situation :
    - ➢ je l'éradiquerai définitivement de ma vie ?

  ou
    - ➢ je l'amènerai à changer de forme et à se présenter à moi plus tard?
- ✓ Que me veut la situation?

La pratique assidue de cet exercice pourra aider les uns et les autres à reconquérir progressivement l'équilibre émotionnel qui constitue un puzzle important sur l'échiquier de la vie en général et de la vie en communauté en particulier. BONNE MÉDITATION

Email : peacelifegoeson77@yahoo.com – Téléphone (+229) 66 44 81 82 / 94 68 88 17

Texte n°6 : Le devoir envers la communauté: une obligation qui ne dit pas son nom

Combien de fois n'avons-nous pas eu vent des plaintes relatives à l'insatisfaction des uns et des autres quant aux réalités de leur communauté et au traitement dont ils font l'objet au sein de celle-ci.

Sachant bien que chacune des parties (communauté et individu) a sa partition à jouer, on est amené à se demander si c'est la communauté qui ne fait rien pour l'individu ou si c'est l'individu qui ne considère pas le fait de jouer sa partition envers la communauté comme étant un devoir non négociable.

Une analyse approfondie de la question permet de se rendre compte de l'évidence selon laquelle nous demeurons d'une manière ou d'une autre redevable envers notre communauté car elle a fait quelque chose pour nous... que ce soit les sacrifices de nos géniteurs et des proches à notre endroit ou le minimum d'acquis dont nous bénéficions tout simplement parce que nous sommes de cette communauté. Ainsi, il serait ingrat de notre part de nous inscrire définitivement dans une logique d'insatisfaction permanente et d'attente non comblée à l'égard de notre communauté car qu'il nous souvienne, il y a :

- ✓ un moment de notre vie où nous n'étions pas conscients, ne pouvions rien faire de nous-mêmes et où on nous faisait tout (la toute petite enfance)
- ✓ un moment de notre vie ou nous devenons conscients, continuons à bénéficier des actions venant de notre communauté et pouvons aussi faire quelque chose pour notre communauté (l'adolescence, la jeunesse)
- ✓ un moment où nous n'avons plus assez de force pour nous assumer nous-mêmes et où nous redevenons incapables de faire quelque chose pour notre communauté (la vieillesse)

Dans ces conditions, *la grande question est de savoir ce que nous faisons pour la communauté pendant que nous en avons la capacité*.

Apporter sa contribution au développement de la communauté est un devoir et le leitmotiv de chaque jeune devrait être de faire quelque chose, ne serait-ce que poser l'action la plus infime allant dans le sens de l'érection d'une nation prospère, autonome dont les fils et filles jouent efficacement leurs

Email : peacelifegoeson77@yahoo.com – Téléphone (+229) 66 44 81 82 / 94 68 88 17

partitions et où la paix du cœur, la tranquillité d'esprit, l'ouverture d'esprit, le discernement et la joie de vivre règnent en maître.

Chacun est invité à aller devant la lumière de sa propre conscience et à non seulement réfléchir à cette question mais à tenter d'y apporter des éléments de réponse honnêtes en ce qui le concerne.

Personne ne viendra développer notre communauté à notre place car que nous en ayons connaissance ou pas, cela demeure et demeurera notre devoir ultime non négociable entant que jeune.

BONNE MÉDITATION

Email : peacelifegoeson77@yahoo.com – Téléphone (+229) 66 44 81 82 / 94 68 88 17

Texte n°7 : L'éveil spirituel, le point de départ de toute croissance personnelle

Extrait de ***Traversez ce lieu en maître et non en esclave*** de ***SWAMI Chidananda***

La condition de l'homme moderne est telle qu'il est avancé, a fait beaucoup de progrès, a beaucoup d'éducation, beaucoup de connaissance mais aucune sagesse. Il est rempli de folie, il essaye de résoudre les problèmes d'une fausse manière créant ainsi de nouveaux problèmes plus graves.

Toutes les manières de vouloir échapper à ce problème unique de la destinée humaine ne sont que folie parce que la cause même du problème reste intouchée car la principale cause du problème est que nous courrons après des ombres, nous faisons de ce qui est impermanent l'objet de notre vie au lieu de ce qui est permanent.

Faire cela, c'est se condamner à la tristesse et à la misère. Cela devrait être vu très clairement, une telle clarté de vision intérieure c'est cela l'éveil spirituel.....Utilisez les choses du monde mais ne vous laissez pas être utilisé par elles.

Il est triste pour un être humain de se trouver dans l'état d'une petite marionnette commandée par des ficelles qui ne sont rien d'autres que les très puissants pouvoirs des jouissances sensorielles. Ce sont des ficelles de vos propres désirs.

Le somnambulisme spirituel couplé à la course effrénée derrière les biens matériels caractérisent notre quotidien.

Il n'est pas question de continuer à se voiler la face car s'il est vrai qu'il est de plus en plus difficile pour la plupart d'entre nous aujourd'hui d'établir une priorité claire entre les différents volets de notre vie, il n'en demeure pas moins que le magnétisme induit par l'appât de la focalisation sur la recherche du matériel sans comprendre le minimum nécessaire de sa propre existence s'accroît à une vitesse exponentielle.

Email : peacelifegoeson77@yahoo.com – Téléphone (+229) 66 44 81 82 / 94 68 88 17

On a certes besoin du matériel pour vivre dans notre monde charnel mais cela ne devrait pas nous empêcher de

- ✓ travailler à avoir une vision claire de nous-même
- ✓ respecter les valeurs cardinales de la vie
- ✓ nous conformer aux principes régissant le bien-être et l'épanouissement des uns et des autres dans la société

......

au point de transformer notre vie en une suite interminable de situations conflictuelles et concurrentielles nous empêchant d'aller au fond de nous-mêmes pour nous poser les bonnes questions et établir les liens Indispensables pour nous écouter.

L'éveil spirituel est un devoir et devrait être la plus grande de nos priorité car *de même que la richesse matérielle sans un minimum de sagesse et d'éveil spirituel est un enfer, une bonne dose de sagesse et de clairvoyance constituent non seulement la clé du maintien, de la gestion efficiente et de l'utilisation rationnelle de la richesse matérielle mais aussi le point de départ de toute croissance personnelle*.

BONNE MÉDITATION

Email : peacelifegoeson77@yahoo.com – Téléphone (+229) 66 44 81 82 / 94 68 88 17

Texte n°8 : Agir malgré l'érection des obstacles, une des clés pour l'accomplissement de la légende personnelle

Extrait du livre ***Il existe une solution spirituelle à tous vos problèmes*** de ***Wayne W. Dyer***

Les gens sont souvent déraisonnables et illogiques, pardonnez-leur néanmoins.

Si vous êtes aimables, les gens vous accuseront peut-être d'avoir des motifs égoïstes cachés, soyez néanmoins aimable.

Votre honnêteté et votre franchise peuvent faciliter la tricherie de certains, soyez néanmoins honnête et franc.

Ce que toute une vie a demandé à construire peut être détruit du jour au lendemain, réalisez-vous néanmoins.

Si vous trouvez la sérénité et le bonheur, la jalousie en rongera peut-être certains, soyez néanmoins heureux.

Donnez-vous pleinement au monde et ce ne sera peut-être jamais assez, néanmoins donnez-vous pleinement.

Vos bonnes actions seront souvent oubliées demain, soyez néanmoins bon.

Le succès vous apportera quelques faux amis et de vrais ennemis, recherchez néanmoins ce succès.

Ainsi, qu'il s'agisse de:

- ✓ écrire son histoire
- ✓ réaliser un rêve
- ✓ atteindre un objectif
- ✓ se donner de nouveaux plis

.......,

Email : peacelifegoeson77@yahoo.com – Téléphone (+229) 66 44 81 82 / 94 68 88 17

nous ne devons pas laisser l'adversité et les goulots d'étranglement du monde extérieur freiner notre élan.

Les obstacles n'ont pas vu le jour à notre naissance et ils subsisteront après nous. Pour cette raison, ils ne doivent pas nous empêcher de définir nos objectifs et de poser les actions indiquées es pour les atteindre.

Rappelons-nous que si nous devons baisser les bras chaque fois que nous rencontrons un obstacle ou nous focalisons sur une menace qui s'érige sur le chemin qui nous mène vers notre but, nous ne serons jamais en mesure de réaliser quoi que ce soit.

Cessons donc de trouver des excuses et de nous focaliser sur les obstacles qui se dressent sur nos chemins. Cet effort nous grandira et nous n'en serons que positivement influencés.

Il en va de l'intérêt de chacun et de tous.

BONNE MÉDITATION

Email : peacelifegoeson77@yahoo.com – Téléphone (+229) 66 44 81 82 / 94 68 88 17

Texte n°9 : La vie continue, une phrase secrète pour conserver son équilibre

Il n'est un secret pour personne que notre existence physique est jonchée:

- ✓ de périples
- ✓ de joies temporaires
- ✓ d'atteintes d'objectifs
- ✓ de réalisations de projets
- ✓ de désillusions
- ✓ de trahisons
- ✓ de coups bas
- ✓ de succès
- ✓ d'échecs
- ✓ de mésaventures

...... etc

qui se succèdent à une fréquence qui est non seulement difficilement prévisible mais aussi et surtout rarement quantifiable.

Cependant, une observation approfondie du fonctionnement de l'existence permet non seulement de se rendre compte que nos :

- ✓ plaintes
- ✓ joies
- ✓ moments difficiles
- ✓ moments de gloire
- ✓ moments de tristesse
- ✓ objectifs atteints
- ✓ rêves réalisés
- ✓ réussites
- ✓ désillusions
- ✓ humeurs

Email : peacelifegoeson77@yahoo.com – Téléphone (+229) 66 44 81 82 / 94 68 88 17

- ✓ états d'âme

.... etc

n'empêchent ni le jour de se lever ni la nuit de s'établir, ni les processus entrant dans le déroulement normal de la vie de fonctionner mais aussi et surtout que :

- ✓ pendant que les uns sont totalement trempés dans des mésaventures, d'autres vivent leurs moments de gloire
- ✓ pendant que les uns perdent, les autres gagnent
- ✓ pendant que les uns meurent, d'autres naissent
- ✓ pendant que les uns réalisent leurs rêves d'autres sont en porte à faux à n'en plus finir avec les obstacles
- ✓ pendant que les uns sont de bonne humeur, d'autres sont de mauvaise humeur

.....etc

De tout ceci, nous devons retenir que le fait de se remémorer que *la vie continue malgré tout ce que nous traversons* et mieux, que *rien de ce que nous traversons n'empêche le fonctionnement de la vie* permet d'arriver aisément à la conclusion selon laquelle *tout ce qui arrive est éphémère et temporaire devant les processus vitaux qui sous-tendent le fonctionnement normal de la vie*.

Comprendre la phrase *la vie continue* sous cet angle permet de *nous renforcer sur le plan mental et spirituel tout en éveillant notre conscience sur l'aspect transitoire des différents événements et situations que nous rencontrons (en bien comme en mal) tout au long de notre vie* et *d'améliorer de façon significative notre conception de ce qui nous arrive*.

Rappelons-nous toujours que *la vie continue* lorsque nous sommes sur le point de :

- ✓ prendre position
- ✓ juger quelqu'un ou blâmer autrui
- ✓ nous plaindre par rapport à quelque chose qui ne va pas
- ✓ nous enorgueillir par rapport à un succès
- ✓ nous apitoyer sur notre sort

Email : peacelifegoeson77@yahoo.com – Téléphone (+229) 66 44 81 82 / 94 68 88 17

.......etc

Il va de notre intérêt de nous habituer à cette pratique qui ne fera que *renforcer notre détachement vis à vis des illusions de la vie* et *accroître considérablement notre capacité à avoir le dessus dans toutes les formes d'adversité.*

BONNE MÉDITATION

Email : peacelifegoeson77@yahoo.com – Téléphone (+229) 66 44 81 82 / 94 68 88 17

Texte n°10 : L'introspection, la pierre angulaire de la discipline personnelle

Il est fréquent de rencontrer des personnes qui passent le clair de leur temps à poser des actions aussi bien envers eux-mêmes qu'envers les autres sans que jamais l'idée ne les traverse de repasser en revue leurs propres actions pour faire la part des choses. Cet état de chose est la cause principale des différentes déviances observées au sein de la société.

En effet, chacun a en lui une conscience, une lumière, quelque chose qui fait en sorte que même s'il refuse de se l'avouer, il sait ce qui est bon et ce qui est mauvais. Mais la chute dans la matière, la course effrénée derrière l'argent et les biens matériels amènent beaucoup à s'accommoder à des comportements et actions qu'ils savent pourtant non recommandables et ne s'inscrivant pas dans la logique des principes de l'équilibre et de la croissance cosmique.

De tels comportements qui font légion de nos jours persistent du fait que ces derniers pensent qu'une fois qu'ils n'ont aucune sanction juste après ce qu'ils font, plus rien ne leur arrivera.

Ces personnes doivent rapidement se détromper et prendre conscience du fait que tout ce que l'homme fait rentre dans sa structure énergétique et que c'est cette structure énergétique qui crée les différentes circonstances qui constituent le chemin qu'il mène tout au long de son existence. C'est l'origine de l'expression *ce que tu fais te fait*

Pour un mieux-être et une vie paisible, il est indispensable d'adopter une discipline personnelle indépendamment des remontrances, conseils et pressions extérieures. Prendre l'habitude de repasser en revue ses propres agissements de façon régulière tout en faisant la part des choses est dans ces conditions la clé pour construire sa propre ligne de guidance intérieure.

Chacun devra au cours de cet exercice se poser les questions telles que:

- ✓ Telle chose que je prends du plaisir à faire aux autres, serai-je en mesure d'accepter qu'on me le fasse ?
- ✓ Est-ce que je mérite ce que j'exige des autres ?
- ✓ Quelle proportion de mes actions contribue aussi bien à mon bien-être qu'à celui des autres ?
- ✓ Est-ce que je n'utilise pas plus les autres pour l'atteinte de mes objectifs personnels que je ne partage avec eux ?

Email : peacelifegoeson77@yahoo.com – Téléphone (+229) 66 44 81 82 / 94 68 88 17

- ✓ En quoi est-ce que mon comportement peut servir d'exemple ?

Sans ce travail sur soi, il est facile de se retrouver en proie à des comportements peu orthodoxes sans même s'en rendre compte.

BONNE MÉDITATION

Email : peacelifegoeson77@yahoo.com – Téléphone (+229) 66 44 81 82 / 94 68 88 17

Texte n°11 : Faire semblant, le fusil d'épaule de la génération actuelle

Aujourd'hui, on fait semblant partout. Dans pratiquement toutes les formes de relations: qu'il s'agisse des relations amicales, familiales, fraternelles, sentimentales...etc, faire semblant est devenu une mode de nos jours.

Les gens vous servent ce que vous aimez entendre, ils vous affichent ce que vous aimez voir, ils entretiennent avec vous des relations vous laissant croire qu'ils sont dans votre logique.. etc.

Chacun tire le drap de son côté dans un esprit de concurrence accrue au détriment des autres sans un minimum d'inclusion.

La plupart des personnes aiment se faire berner et à cause de l'attachement excessif à l'intérêt personnel, les gens évitent de dire la vérité aux autres au risque de perdre des avantages ou d'avoir des problèmes.

Les gens sont ensemble tout le temps mais à cause des paramètres précités n'arrivent pas à se dire la vérité.

Chacun veut tout avoir pour soi et est prêt à utiliser tous les moyens pour y parvenir.

La course effrénée derrière les avantages, la promotion, les biens matériels, la réussite sociale, la sauvegarde d'une bonne image...etc renforce ce comportement de semblant qui se généralise dans tous les domaines.

Le paradoxe est que cette génération, malgré tout ce qui est sacrifié pour la réussite sociale manque cruellement non seulement de paix du coeur, de tranquillité d'esprit mais aussi et très souvent de la stabilité financière, gage des différents agissements peux orthodoxes.

Ils oublient certainement que la course vers l'extérieur de soi pour rechercher ce qui est en soi n'a jamais rien donnée de bon et que le monde extérieur est le reflet du monde intérieur.

La solution consisterait à revenir à soi pour s'aligner sur les valeurs personnelles qui sont entre autres l'honnêteté, la sincérité, la simplicité, l'abnégation, l'humilité, la pureté, l'intégrité, la responsabilité, l'exemplarité.

Email : peacelifegoeson77@yahoo.com – Téléphone (+229) 66 44 81 82 / 94 68 88 17

Sans ce retour, plusieurs millions de kilomètres seront parcourus, encore et encore avec cette mentalité fondée sur le semblant que rien et absolument rien de concret ne sera construit.

BONNE MÉDITATION

Email : peacelifegoeson77@yahoo.com – Téléphone (+229) 66 44 81 82 / 94 68 88 17

Texte n°12 : On peut réussir dans la vie sans réussir sa vie.

En effet, la réussite dans la vie se mesure aux succès obtenus, aux biens matériels et aux prestiges accumulés, au statut social que l'on a, à l'influence que l'on exerce sur son entourage...etc alors que la réussite de sa vie suppose la convergence des différentes réalisations (actions motivées, événements heureux, désillusions, concours de circonstances...etc) vers une raison d'être qui procure une joie de vivre, une tranquillité d'esprit et une paix intérieure que rien ne peut déséquilibrer.

Courir derrière l'aspect matériel de l'existence sans aller à l'école des lois cosmiques mène parfois à la réussite dans la vie mais jamais à la réussite de sa vie.

Ce que vous voulez pour vous, vous devez aussi le vouloir pour les autres et partout où vous vous trouvez, vous devez toujours faire l'effort d'être utile à quelque chose indépendamment de l'intérêt immédiat qui s'affiche ou non à l'horizon.

Faites toujours ce que vous aimez tant que cela ne blesse personne et apprenez à toujours aimer ce que vous êtes amené à faire.

Peu importe combien vos actions sont banales, si elles sont faites avec amour et l'intention d'apporter un plus à autrui, elles impacteront plus d'un.

BONNE MÉDITATION

Email : peacelifegoeson77@yahoo.com – Téléphone (+229) 66 44 81 82 / 94 68 88 17

Texte n°13 : La responsabilité, l'antichambre de l'exemplarité

De nos jours, il n'est pas rare de rencontrer des personnes qui, ne pouvant répondre de leurs propres actes, s'insurgent contre autrui, prônant pour la plupart du temps un changement de comportement et de mentalité.

Cet état de chose est devenu monnaie courante au point où l'on se demande si l'adage *sois le changement que tu prône* n'a pas raison de cité.

En effet, la façon dont les autres se comportent envers nous est révélatrice non seulement de l'image qu'ils ont de nous mais aussi et surtout de la lecture énergétique qu'ils font de nous. Cette lecture énergétique intègre aussi bien ce que nous savons de nous-mêmes que ce qui est en nous mais dont nous n'avons pas conscience.

La responsabilité, aptitude à répondre de nos actes et parfois de ceux des autres, nous impose implicitement la lucidité tout au long de nos actions et de nos prises de décision. Ainsi, l'on ne saurait attribuer la moindre de nos actions et agissements à un manque d'attention et de lucidité, nous nous devons d'être conscient de tout ce que nous faisons et devons être prêt à y répondre même publiquement.

Dans ces conditions, prôner un changement ou impulser une dynamique devient chose simple car nous servons d'exemple pour ce que nous prônons. Nous n'avons pas besoin de beaucoup parler mais nos différents agissements constituent des poteaux indicateurs pour notre entourage qui adhère avec la plus grande simplicité à notre idéologie ou à notre dynamique.

Nous nous leurrons lorsque nous pensons que nous pouvons ne pas intégrer la notion de responsabilité et prétendre à une quelconque exemplarité car s'il est vrai que l'oeil physique ne voit pas tout, il n'en demeure pas moins que rien ne se dérobe à l'oeil spirituel.

BONNE MÉDITATION

Email : peacelifegoeson77@yahoo.com – Téléphone (+229) 66 44 81 82 / 94 68 88 17

Texte n°14 : La tranquillité d'esprit, source primordiale de la joie de vivre

Agir pour miroiter une bonne image de soi est le réflexe de toute personne consciente de la prévalence des normes et valeurs sociétales sur les déviances comportementales et les tendances libertines.

Cependant, ce réflexe conduit bon nombre de personnes à une forme d'auto asphyxie qui se manifeste le plus souvent par une tendance accrue à n'agir que pour paraître et non pour être. Ce faisant, l'on s'accoutume à faire des choses pour s'adapter à son milieu, plaire à son entourage, avoir l'adhésion des autres, obtenir des avantages financiers et ou matériels...etc tout en inhibant notre aptitude innée de nous laisser guider par nos ressentis et nos accords émotionnels par rapport à nos agissements.

Ce que nous devons comprendre est que chaque fois que nous faisons quelque chose qui nous met mal à l'aise mais que nous perpétuons, nous nous empêchons de vivre en accord avec nous-mêmes. Il n'y a donc par pire façon de se condamner à l'agitation mentale, à la crainte, à la cachotterie, à la dépression, au ressentiment, au regret, au remord... etc que de prendre l'habitude de faire, de reproduire et de perpétuer des actions qui ne cadrent pas avec notre essence juste pour avoir des avantages, obtenir de la promotion, se hisser à une échelle sociale...etc

Nous pouvons amasser tout l'or du monde, tant que nous ne nous habituerons pas à nous faire du bien à travers nos actions en faisant en sorte de les circonscrire au sein de nos convictions et aspirations profondes, nous nous surprendrons toujours en manque de joie de vivre du simple fait que nous avons manqué d'agir en accord avec nous-mêmes.

Retenons que nous ne pouvons pas espérer expérimenter la joie de vivre tant que nous passons le clair de notre temps à poser des actions peu orthodoxes allant à l'encontre des principes cosmiques (qui nous régissent) et qui nous exposent à des nuits blanches, à des réflexions intempestives, à des peurs, au besoin de nous cacher...etc.

BONNE MÉDITATION

Email : peacelifegoeson77@yahoo.com – Téléphone (+229) 66 44 81 82 / 94 68 88 17

Texte n°15 : Les relations interpersonnelles, l'une des plus grandes écoles de la vie

Dans la vie, nous n'avons pas de père, de mère, de frère, de soeur, de tante, d'oncle, de cousin, de cousine, de neveu, de nièce, de femme, de mari, de collaborateur, de supérieur hiérarchique, d'ami, d'ennemi...etc, nous n'avons que des enseignants disait ***Dan Milman*** dans ***les lois de l'esprit***.

Ainsi, nous comprenons aisément que chacun de nous est à la fois enseignant et apprenant. Nous apprenons des autres et les autres apprennent de nous quel que soit notre statut social, notre niveau intellectuel, notre âge, notre genre... etc.

En cela, l'adage *Dieu fait briller son soleil sur les bons comme sur les méchants* devrait nous servir d'exemple à double titre. Premièrement, les bons méritent le soleil de Dieu et par conséquent, il le fait briller sur eux en signe de fierté et de récompense à leur endroit. Deuxièmement, les méchants ne méritent pas le soleil de Dieu, pourtant, il le fait briller sur eux en signe de moyen d'ouverture d'esprit et d'exemplarité à leur endroit.

Nous devons ainsi faire l'effort de maintenir des comportements similaires aussi bien envers ceux où celles que nous pensons les mériter qu'envers les autres qui nous ont causé du tort ou qui nous ont trahis d'une manière ou d'une autre.

Ainsi, dans notre rôle d'apprenant, nous devons éviter de porter des jugements et nous habituer à:

- ✓ extraire les leçons des différentes situations et circonstances que nous vivons ou rencontrons
- ✓ voir au-delà de la personne physique de celui ou celle par qui la leçon nous parvient
- ✓ toujours voir le côté positif de l'adversité...etc.

Dans notre rôle d'enseignement, nous devons adopter des comportements qui garantissent au mieux la résonance avec ceux ou celles qui reflètent des images de marques mais aussi l'exemplarité à ceux où celles qui sont en déphasage avec les normes morales et cosmiques. Nous pourrons par exemple nous habituer à:

- ✓ être bon aussi bien avec les bons qu'avec les méchants
- ✓ être humble aussi bien envers les humbles qu'envers les vantards
- ✓ être honnête aussi bien envers les honnêtes qu'envers les malhonnêtes

Email : peacelifegoeson77@yahoo.com – Téléphone (+229) 66 44 81 82 / 94 68 88 17

- ✓ être juste aussi bien envers les justes qu'envers les faux
- ✓ être doux aussi bien envers les violents qu'envers les posés

.....

BONNE MÉDITATION

Email : peacelifegoeson77@yahoo.com – Téléphone (+229) 66 44 81 82 / 94 68 88 17

Texte n°16 : L'autorisation inconsciente, face cachée de l'irruption des événements dans la vie

L'autorisation au sens littéral du terme fait référence au fait d'approuver et ou d'accepter par l'action, la parole ou l'écrit une demande, une proposition, une situation ou un événement. De par sa définition, elle est censée être volontaire et exprimée en toute conscience.

Cependant, il existe bel et bien des autorisations qui sont totalement inconscientes. En effet, nous faisons des choix, disons oui à des circonstances, créons des affinités avec des situations...etc à travers nos comportements, pensées et agissements quotidiens. Chaque pensée, action ou parole de l'humain rayonne une énergie qui lui est spécifique et ce sont les circonstances, les situations, les événements, les personnes...etc dont les énergies sont similaires à celles dont nous sommes les auteurs que nous invitons sans le savoir à prendre forme dans notre vie. En d'autres termes, nous autorisons inconsciemment les personnes, les choses, les événements, les situations, les circonstances...etc à se concrétiser dans notre vie.

Et pourtant, beaucoup sont les personnes qui se plaignent de se retrouver dans des situations peu désirables ou en proie à des agissements peu recommandables dans leur voisinage sans pour autant être en mesure de s'en départir. Nous devons nous remémorer l'une des maximes des maîtres spirituels qui stipule que *les choses nous arrivent parce ce que nous le leur autorisons* autrement dit, *rien ne peut nous arriver si au préalable nous ne lui donnons l'autorisation*.

On comprend donc ainsi que tout se provoque, que ce soit le succès, l'échec, le bien-être, la mauvaise humeur, la bonne compagnie, les mauvaises fréquentations, l'affluence d'opportunités....etc

Pour prendre conscience de ce phénomène en cours dans notre vie et l'utiliser à notre avantage, nous devons tenter de répondre à ces quelques questions selon le cas chaque fois que nous devons agir, parler ou penser:

- ✓ Que feraient les personnes intègres, sincères, honnêtes et crédibles si elles étaient dans une situation pareille?
- ✓ De quel côté me classe ce type de pensée, de parole ou d'action?
- ✓ Cette façon de faire apporte-t-elle de la valeur ajoutée au plan moral à mon entourage?

Email : peacelifegoeson77@yahoo.com – Téléphone (+229) 66 44 81 82 / 94 68 88 17

- ✓ Qu'est-ce que ce comportement améliore dans mon environnement?
- ✓ Ce que je suis sur le point de faire ou de dire ressemble-t-il à la personne que j'aspire être?

....

Avec une pratique assidue de cet exercice, chacun d'entre nous pourra améliorer de manière significative le flux des événements dans sa vie et ainsi contribuer pratiquement aussi bien au bien-être des autres qu'à son propre bien-être.

BONNE MÉDITATION

Email : peacelifegoeson77@yahoo.com – Téléphone (+229) 66 44 81 82 / 94 68 88 17

Texte n°17 : L'ouverture d'esprit: la porte secrète vers la liberté spirituelle

Un jeune homme se promenait et a été surpris par la tombée de la nuit alors que sans le savoir il était déjà hors des limites de son territoire d'appartenance.

Le roi du territoire hôte, pour des raisons de sécurité des étrangers et pour faire preuve d'hospitalité à leur égard avait mis en place un dispositif animé par des gardes qui se chargent d'identifier les étrangers errant sur le territoire aux heures tardives, leur offrir l'hébergement et la restauration jusqu'à ce qu'ils décident eux-mêmes de s'en aller.

C'est ainsi que le jeune homme précité a bénéficié de l'hébergement et de la restauration sur ledit territoire.

Il a passé trois nuits sur les lieux et durant tout ce temps, les gardes lui apportent le manger à temps et le mettent à l'aise par rapport à n'importe laquelle de ses préoccupations. Lui, il concevait le fait comme une détention et il attendait le jour de sa libération.

Le matin du quatrième jour, alors que les gardes lui ont apporté le repas, il posa la question suivante:

Quand vais-je être libéré ?

Les gardes lui ont fait savoir que la porte avait toujours été ouverte et que tout le temps qu'il avait passé sur les lieux n'était autre chose que l'expression de sa propre volonté de rester en territoire étranger.

C'est alors qu'il prit l'initiative de rejoindre son territoire après le repas.

C'est ainsi, que la majorité des humains:

- ✓ interprètent les situations dans lesquelles ils se retrouvent sans chercher à comprendre réellement ce qui se passe

Email : peacelifegoeson77@yahoo.com – Téléphone (+229) 66 44 81 82 / 94 68 88 17

- ✓ ont pour la plupart du temps des idées préconçues par rapport aux situations qu'ils rencontrent sans faire preuve d'impartialité dans leur façon d'aborder les faits
- ✓ se font une opinion personnelle qui finit par devenir l'enclos qu'ils ont eux-mêmes construit dans leur mental et qui se met à les limiter et à les hanter

....

Chacun, pour faire preuve d'ouverture d'esprit, devra intégrer que :

- ✓ les choses sont ce qu'elles sont et la perception que l'on a d'elles dépend de notre état de conscience personnel
- ✓ ce qui arrive n'est pas important, c'est la façon dont nous la prenons qui l'est
- ✓ personne ne peut nous empêcher de penser à ce à quoi nous choisissons de penser
- ✓ les apparences ne doivent pas conditionner notre façon de penser

....

Comprenons que sans un minimum d'ouverture d'esprit:

- ✓ l'aptitude à comprendre autrui
- ✓ la collaboration avec autrui
- ✓ l'acceptation des autres
- ✓ la capacité d'apprendre des autres
- ✓ l'aptitude à rêver et à agir pour sa réalisation
- ✓ la capacité de donner l'exemple afin d'inspirer les autres

....

demeurent un mythe et l'humain se retrouve incapable de faire preuve d'utilité envers sa communauté.

Prenons alors garde et travaillons à faire beaucoup plus preuve d'ouverture d'esprit dans nos agissements quotidiens.

Il en va de l'intérêt de chacun et de tous.

BONNE MÉDITATION

Email : peacelifegoeson77@yahoo.com – Téléphone (+229) 66 44 81 82 / 94 68 88 17

Texte n°18 : La valorisation des acquis personnels: le trait d'union entre nos activités quotidiennes et notre joie de vivre.

Depuis l'origine des temps, une certaine diversité dans les goûts et appréhensions des uns et des autres par rapport aux événements et aux vécus quotidiens s'observe. Une analyse de notre quotidien permet de se rendre compte que:

- ✓ ce qui plaît à certains ne plaît pas à d'autres
- ✓ ce qui a de la valeur pour les uns ne veut rien dire pour les autres
- ✓ ce qui est aisé pour certains est très compliqué pour d'autres
- ✓ ce qui a un sens pour les uns est absurde pour les autres

....

L'être humain dans ces conditions, s'est surpris en train de s'accoutumer à une pratique qui consiste à développer le réflexe d'apprécier et d'admirer les aptitudes et acquis d'autrui au détriment des siens. Cet état de chose est devenu si visible que de nos jours, la plupart d'entre nous perdons carrément de vue l'idée de la valorisation de nos aptitudes et acquis personnels.

Par valorisation des aptitudes et acquis personnels nous devons non seulement entendre l'expression d'une franche reconnaissance envers la vie pour tout ce dont nous sommes dotés mais aussi et surtout prendre l'habitude d'utiliser nos aptitudes et acquis pour contribuer au développement de notre communauté.

Chacun a ainsi le devoir d'aller au dedans de lui-même pour découvrir les aptitudes et valeurs dont il est doté non pas pour s'enorgueillir mais pour:

- ✓ jouer ses rôles au sein de la communauté:
    - ➢ apporter un plus à autrui
    - ➢ être un gardien pour autrui
    - ➢ être un acteur de cohésion sociale

    ....

- ✓ répondre à la grande et permanente question de la communauté:

Email : peacelifegoeson77@yahoo.com – Téléphone (+229) 66 44 81 82 / 94 68 88 17

  - qu'as-tu fais pour la communauté ?
- ✓ donner l'exemple autour de soi:
  - à travers ses comportements
  - à travers ses actions
  - à travers ses suggestions

....

Rappelons-nous qu'on ne peut accéder à la joie de vivre en se limitant au fait de voir le bon et le beau chez autrui.

Pour y accéder, il nous faut apprendre à voir le bon et le beau qui est en nous et à trouver un moyen d'en faire bénéficier autrui.

Cessons de nous rabaisser et de nous déprécier......

Il en va de notre intérêt et de l'intérêt de tous.

BONNE MÉDITATION

Email : peacelifegoeson77@yahoo.com – Téléphone (+229) 66 44 81 82 / 94 68 88 17

Texte n°19 : La prise de décision à la hâte: l'un des plus grands fléaux de notre ère

Un jeune homme d'une contrée reculée avait été choisi par un vieux sage pour suivre les enseignements spirituels.

Ce choix était basé non seulement sur la forte aspiration du jeune homme à la chose spirituelle mais aussi et surtout sur l'effort personnel dont il faisait preuve dans le domaine pour se distinguer des autres.

Les séances étaient basées sur des échanges théoriques relatifs aux lois naturelles et leurs interactions avec la nature humaine et les univers spirituels. Ces échanges étaient assortis d'exemples palpables avec des références à des faits concrets.

Au fil des séances, le jeune homme apprit à faire confiance à son maître et retint de lui qu'il n'est pas bien de prendre de l'alcool lorsqu'on est sur le chemin spirituel.

La plupart des autres jeunes de la contrée enviaient le jeune néophyte et ne rataient pas la moindre occasion de lui souffler des informations en relation avec son maître.

Un jour, le jeune homme fut informé par ses paires que son maître avait été surpris plusieurs fois en train de prendre de l'alcool chez le vendeur d'alcool du coin.

Il avait reçu un choc et s'est dit que son maître l'avait trahi.

Pour le lui faire savoir, il s'arrangea pour le surprendre lui aussi. Une fois à côté de lui, il lui exprima la perte de crédibilité que ce comportement a engendrée en lui.

A ces mots, le maître répondit ceci:

je te demande de me faire confiance encore pour une dernière fois en buvant le contenu de ce verre que je suis en train de remplir.

Le jeune homme hésita un instant puis finalement prît le contenu du verre.

Il constata alors que c'était de l'eau.

Il se mit à genoux et présenta ses excuses au maître et celui-ci lui dit:

Lèves-toi,

je sais que tu ne savais pas,

évites de laisser tes oreilles ta bouche et tes yeux t'induire en erreur

C'est ainsi que dans notre vie de tous les jours, nous laissons nos sens nous induire en erreur. Nous en arrivons même à émettre des jugements de valeurs dont la congruence se trouve négativement affectée par la suite.

Nous devons ainsi faire très attention:

- ✓ aux informations qui nous parviennent
- ✓ à notre façon de réagir face aux informations qui nous parviennent
- ✓ à notre façon d'interpréter ce que nous voyons
- ✓ à notre façon d'exprimer notre désaccord avec quelqu'un

....

Car *de même qu'une chose peut paraître sans être, elle peut être sans paraître.*

Apprenons à agir de façon à ne pas être obligé de remettre en cause la pertinence de nos propres actions par la suite.

Il est toujours utile de non seulement intégrer la grande partie des paramètres d'une situation mais aussi et surtout de faire preuve de beaucoup de clairvoyance et de discernement dans nos prises de décision pour éviter d'être pris à notre propre piège.

Prenons garde, car ceci va de l'intérêt de chacun et de tous. BONNE MÉDITATION

Email : peacelifegoeson77@yahoo.com – Téléphone (+229) 66 44 81 82 / 94 68 88 17

Texte n°20 : L'endormissement implicite des facultés humaines: l'un des meilleurs moyens de domination dans le monde

Un petit extrait du livre du grand ***Günther Anders*** écrivain allemand

*"***L'obsolescence de l'homme***"* , livre publié en 1956 ... page 122,

«Pour étouffer par avance toute révolte, il ne faut pas s'y prendre de manière violente. Les méthodes du genre de celles d'Hitler sont dépassées. Il suffit de créer un conditionnement collectif si puissant que l'idée même de révolte ne viendra même plus à l'esprit des hommes. L'idéal serait de formater les individus dès la naissance en limitant leurs aptitudes biologiques innées ...

Ensuite, on poursuivrait le conditionnement en réduisant de manière drastique l'éducation, pour la ramener à une forme d'insertion professionnelle. Un individu inculte n'a qu'un horizon de pensée limité et plus sa pensée est bornée à des préoccupations médiocres, moins il peut se révolter. Il faut faire en sorte que l'accès au savoir devienne de plus en plus difficile et élitiste ... que le fossé se creuse entre le peuple et la science, que l'information destinée au grand public soit anesthésiée de tout contenu à caractère subversif. Surtout pas de philosophie. Là encore, il faut user de persuasion et non de violence directe: on diffusera massivement, via la télévision, des divertissements flattant toujours l'émotionnel ou l'instinctif

On occupera les esprits avec ce qui est futile et ludique. Il est bon, dans un bavardage et une musique incessante, d'empêcher l'esprit de penser.

On mettra la sexualité au premier rang des intérêts humains. Comme tranquillisant social, il n'y a rien de mieux.

En général, on fera en sorte de bannir le sérieux de l'existence, de tourner en dérision tout ce qui a une valeur élevée, d'entretenir une constante apologie de la légèreté; de sorte que l'euphorie de la publicité devienne le standard du bonheur humain et le modèle de la liberté.

Email : peacelifegoeson77@yahoo.com – Téléphone (+229) 66 44 81 82 / 94 68 88 17

Le conditionnement produira ainsi de lui-même une telle intégration, que la seule peur (qu'il faudra entretenir) sera celle d'être exclus du système et donc de ne plus pouvoir accéder aux conditions nécessaires au bonheur. L'homme de masse, ainsi produit, doit être traité comme ce qu'il est : un veau, et il doit être surveillé comme doit l'être un troupeau.

Tout ce qui permet d'endormir sa lucidité est bon socialement, ce qui menacerait de l'éveiller doit être ridiculisé, étouffé, combattu ...

Toute doctrine mettant en cause le système doit d'abord être désignée comme subversive et terroriste et ceux qui la soutiennent devront ensuite être traités comme tels.

On observe cependant, qu'il est très facile de corrompre un individu subversif: il suffit de lui proposer de l'argent et du pouvoir. »

[Günther Anders dans son livre : « Die Antiquiertheit des Menschen » 1956 - P.122]

Il n'est pas question d'inciter les lecteurs à la révolte mais d'attirer leur attention sur les techniques millénaires de limitation et d'endormissement de la conscience dont la grande partie de la population mondiale est implicitement sujette.

Nous devons nous remémorer que:

- ✓ l'ouverture d'esprit
- ✓ le maintien de la vivacité d'esprit
- ✓ la culture de l'esprit critique
- ✓ la réflexion
- ✓ l'introspection
- ✓ la discipline personnelle

.....

Email : peacelifegoeson77@yahoo.com – Téléphone (+229) 66 44 81 82 / 94 68 88 17

constituent les indicateurs fondamentaux de notre bien-être mental et spirituel et que nous ne pouvons être lucide pour jouer efficacement notre partition au sein de la société qu'en nous assurant de la présence et de l'utilisabilité de ces facultés en nous.

Prenons garde à ne pas nous laisser distraire. La vigilance et la lucidité de chacun et de tous sont indispensables pour la croissance personnelle et communautaire.

BONNE MÉDITATION

Email : peacelifegoeson77@yahoo.com – Téléphone (+229) 66 44 81 82 / 94 68 88 17

Texte n°21 : S'améliorer de façon continue, une habitude au centre de la croissance personnelle

Un message de ***DIDIER DROGBA*** sur ***LinkedIn***.

Bien, ma première fois d'aller au KOWEÏT, une île, comme une ville indépendante, entièrement comme un État, développé comme DUBAÏ mais humble qui ne fait pas de publicité touristique comme DUBAÏ.

J'ai été logé à l'hôtel SYDNEY PEARL propriété d'un jeune de 29 ans, vérifiez sur le net. J'y ai fait 5 jours et chaque jour des millionnaires Arabes et Américains venaient suivre une formation d'une heure de temps dans la salle de conférence de l'immeuble.

Le 5ème jour, curieux j'étais, j'ai décidé d'y faire un tour. J'aperçois des pères et mères de famille, riche, en train de suivre une formation sur "Comment gérer une quincaillerie, comment gérer un centre commercial, comment vendre, comment attirer les clients, comment gérer une boulangerie ?".

J'étais ébahi, j'ai demandé à mon traducteur " Avec tout l'argent qu'ils ont, ils peuvent être patron sans se former, pourquoi ils font ça ?".

Un Millionnaire qui était juste derrière nous a attendu et m'a répondu : "Tu es millionnaire aussi Didier mais pourquoi tu t'entraînes avant d'aller jouer? Embauche quelqu'un pour jouer à ta place, impossible"

Pendant 30 secondes, je me suis posé 1000 questions et j'ai eu 1000 réponses. J'étais content de voir ça. Après la formation, chacun a pris sa FERRARI pour rentrer chez lui.

Saviez-vous que BILL GATES entend mon nom mais qu'il ne m'a jamais vu? Pourquoi? Parce qu'il est occupé à faire des recherches à se former, à apprendre, à gonfler sa fortune, il n'a pas le temps de regarder la télévision, il continue de se former malgré sa fortune.

Email : peacelifegoeson77@yahoo.com – Téléphone (+229) 66 44 81 82 / 94 68 88 17

Nos jeunes refusent de se former et d'apprendre, ils pensent déjà à vivre la belle vie sans fortune, c'est ce qui les retarde.

Ressaisissez-vous.

Chacun devra, à la lumière du message de DIDIER DROGBA se poser les questions qui suivent:

- ✓ Suis-je entrain de m'améliorer à mesure que les jours passent ou entrain de m'enliser dans une inertie qui ne dit pas son nom?
- ✓ Qu'est-ce qui me paraissait incompréhensible hier et que j'ai réussi à comprendre aujourd'hui ?
- ✓ Quelle proportion de mon temps je consacre pour apprendre de nouvelles choses ?
- ✓ Qu'est-ce que j'accumule comme lacune alors que je passe mon temps devant la télévision ou à m'amuser ?
- ✓ Est-ce que j'ai un objectif dans ma vie ?
- ✓ Quelles sont les actions que je mène quotidiennement pour atteindre mon objectif si j'en ai ?
- ✓ En quoi suis-je utile pour mes proches et pour ma communauté ?
- ✓ Comment est-ce que je gère mon temps maintenant que je suis encore jeune pour en tirer le meilleur ?
- ✓ Ai-je le sens des priorités ? Est-ce que j'arrive à distinguer l'utile et l'indispensable de l'agréable ?

....

En tentant de répondre à ces quelques questions concernant l'orientation que nous donnons à notre vie, la façon dont nous gérons nos priorités pour l'atteinte de nos objectifs, nous nous apercevrons qu'il y plus à faire au niveau individuel que nous ne nous imaginons.

Rappelons-nous que contrairement à la conception répandue selon laquelle le développement serait une affaire de moyen, il est avant tout une affaire de personne.

Faisons chaque jour le travail nécessaire à notre niveau, ainsi, nous jouerons pleinement notre partition et aussi bien la croissance personnelle que le développement communautaire cesseront d'être un mythe pour beaucoup.

Email : peacelifegoeson77@yahoo.com – Téléphone (+229) 66 44 81 82 / 94 68 88 17

Agissons maintenant car cela va de l'intérêt de chacun et de tous.

BONNE MÉDITATION

Email : peacelifegoeson77@yahoo.com – Téléphone (+229) 66 44 81 82 / 94 68 88 17

Texte n°22 : Le don, l'autre façon d'expérimenter la joie de vivre

Alors qu'ils traversaient un champ agricole, un sage maître et un de ses élèves trouvèrent sur le bord de la route de vieilles chaussures, très abîmées. Elles appartenaient sûrement à un de ces agriculteurs qui travaillaient au milieu des champs.

L'élève dit alors à son maître : "Et si on faisait une blague à ce pauvre agriculteur. On va cacher ses chaussures pour voir sa réaction quand il ne les retrouvera plus".

Le maître dit à son élève : "Il n'est pas sage de prendre plaisir au mal d'autrui. Tu peux toujours te faire plaisir en faisant du bien aux autres. Tu es riche me semble-t-il, je te propose de déposer quelques billets de banque dans chacune des chaussures de ce pauvre agriculteur. On se mettra à l'abri des regards et on regardera de loin sa réaction quand il découvrira cet argent".

"Très bonne idée maître", lui répond l'élève.

Il met un peu d'argent dans les chaussures et se met derrière un arbre avec son maître. Quelques minutes plus tard, l'agriculteur arrive. Il essaye d'enfiler ses chaussures quand il découvre stupéfait qu'elles contenaient de l'argent. Il regarde longuement ces billets dans ses mains pour s'assurer qu'il ne s'agissait pas d'un rêve. Ensuite, il regarde longuement autour de lui. Et ne voyant personne, il comprit que ce petit trésor lui était destiné.

C'est alors qu'il se prosterna longuement, puis les larmes aux yeux, il leva ses mains au ciel et dit à très haute voix : "Merci seigneur. Merci seigneur. Merci seigneur, Toi qui as su que ma femme était très malade, Toi qui as su que mes enfants avaient faim et qu'ils n'avaient rien à manger. Merci de m'avoir aidé. Merci d'avoir sauvé mes enfants". Il répéta plusieurs fois ces remerciements, ses invocations et ses louanges au Tout Miséricordieux.

Email : peacelifegoeson77@yahoo.com – Téléphone (+229) 66 44 81 82 / 94 68 88 17

" N'est-ce pas mieux que ce que tu voulais faire", dit le maître.

Profondément ému par l'image que lui offrait cet agriculteur, l'élève fond en larmes.

Après un long silence, il dit à son maître : J'ai appris une leçon terrible et compris une chose essentielle que je n'oublierai jamais : Tu es encore plus heureux quand tu donnes que quand tu reçois".

Le sage lui dit alors : "saches mon enfant qu'il existe plusieurs type de dons.

- ✓ Le fait de pardonner, c'est un don.
- ✓ Faire des invocations pour ton frère ou ta sœur en son absence est un don.
- ✓ Apporter un plus à son prochain est un don.
- ✓ Eviter d'indisposer son prochain est un don.
- ✓ Ne pas importuner les autres est un don.
- ✓ Être productif et créatif dans son travail est un don.
- ✓ Vouloir du bien de l'autre est un don.
- ✓ Dire du bien de son prochain est un don.
- ✓ Privilégier l'intérêt du groupe est un don.
- ✓ Être sensible à ce qui se passe dans son entourage est un don.

Saches mon enfant que le meilleur des bonheurs est celui que tu procureras aux autres, aux pauvres, aux nécessiteux et à tous les laissés pour compte.

BONNE MÉDITATION

Email : peacelifegoeson77@yahoo.com – Téléphone (+229) 66 44 81 82 / 94 68 88 17

Texte n°23: L'amour du travail bien fait, l'une des expressions de la discipline personnelle

Le Père Fondateur ***Félix Houphouët Boigny*** se rendait à Yamoussoukro avec son chauffeur personnel.

Ce jour-là, ce n'était pas un cortège présidentiel normal, c'était une longue berline noire et une moto d'escorte.

À l'entrée de Yamoussoukro, se trouvait un poste de contrôle, le gendarme arrête la voiture pour un contrôle.

Il demande au chauffeur son permis de conduire, le chauffeur dit qu'il était avec le Président de la république.

Le Gendarme dit "ah bon?", il regarde derrière, il voit le Président de la république Le Père **Felix Houphouët Boigny**, il le salue avec honneur comme tout corps habillé salut un Président.

Il finit de le saluer et il retourne vers le chauffeur " Oui je peux avoir les papiers du véhicule et votre permis de conduire?"

Le chauffeur dit j'étais pressé, j'ai oublié mon permis.

Et le Gendarme lui dit "Ok gare la voiture, appelle à Abidjan qu'on t'apporte ton permis de conduire ou bien retourne prendre ton permis".

Le Président n'a rien dit, il riait seulement, il a juste dit à son chauffeur " Alors tu me conduis sans ton permis? Retournons prendre ton permis".

La voiture s'est retournée à Abidjan, le chauffeur a pris son permis de conduire, et ils sont repartis sur Yamoussoukro.

Arrivée au poste de contrôle, et après le contrôle, le Gendarme a dit "Bienvenue dans la grande cité des Caïmans".

Email : peacelifegoeson77@yahoo.com – Téléphone (+229) 66 44 81 82 / 94 68 88 17

Le Président descend la vitre et lui dit " Tu n'es plus gendarme, je te nomme Ministre de...... (Je vais taire le nom).

C'est juste pour dire quoi.

Il faut aimer votre travail. Il faut bien faire votre travail. Le travail qui vous nourrit, vous ne devez pas jouer avec. Le travail doit être votre deuxième famille.

Il est mieux de tout perdre dans la vie parce que vous faites bien votre travail, que de perdre tout dans la vie parce que vous avez été corrompu.

Aimons le travail que nous faisons, peu importe sa nature.

Car les récompenses d'un travail que l'on aime et que l'on fait bien se trouvent à quatre niveaux :

- ✓ premièrement la satisfaction apportée par l'atteinte des objectifs fixés
- ✓ deuxièmement la fierté d'être utile à quelque chose
- ✓ troisièmement la joie de faire de son travail un moyen d'épanouissement et
- ✓ quatrièmement le numéraire aussi infime soit-il que ce travail pourrait vous générer

Si l'on ne travaille que pour le numéraire, la probabilité est forte non seulement que l'on perde facilement la motivation au travail mais aussi et surtout que l'on ne perçoive pas les autres aspects de la satisfaction issue d'un travail bien fait.

BONNE MÉDITATION

Texte n°24 : Apprendre à s'exprimer par le langage de l'action, seule porte de sortie de l'inertie et de la procrastination

L'action est le pont qui lie l'idée d'une chose et la chose elle-même.

Ainsi, le fait de penser à quelque chose ou d'en parler n'a jamais permis à lui seul de matérialiser cette dernière.

Bien qu'il soit nécessaire d'avoir une idée précise de là où l'on va, l'action de se déplacer est indispensable pour atteindre le point d'arrivée. Le fait de dire que l'on va faire quelque chose est moins crédible que le fait de faire réaliser l'existence de la chose à autrui par le biais de l'action.

Au lieu d'adopter la tendance à parler de façon verbale de nos objectifs, habituons nous à poser des actions et à laisser les autres découvrir notre intention à travers ce que nous faisons.

Un grand sage disait que le seul critère de la vérité c'est la pratique.

En effet, le grand fossé qui existe entre la théorie et la pratique est dû au fait que beaucoup de choses formulées logiquement à travers la parole et qui satisfont pourtant au mental peuvent s'avérer non-réalisables du fait de la non-intégration de paramètres supplémentaires indispensables à l'implémentation de l'idée.

Ainsi, un énoncé n'est vrai, une déclaration n'est réelle..etc que si l'on peut accéder à sa forme dans le monde matériel.

Tout le monde peut s'autoproclamer honnête mais la véritable honnêteté ne s'appréhende que dans les agissements quotidiens.

M. Wattle disait dans la science de la richesse qu'un gramme de pratique valait un kilogramme de théorie.

On comprend par cet exemple que l'action est primordiale non seulement pour l'atteinte des résultats attendus mais aussi et surtout pour faire preuve d'exemplarité à travers la démonstration de la véracité d'une idée ou de la praticabilité d'un concept auquel beaucoup ne sont pas encore habitués.

Il nous faut distinguer l'utile de l'agréable et de l'indispensable.

Email : peacelifegoeson77@yahoo.com – Téléphone (+229) 66 44 81 82 / 94 68 88 17

En effet en terme de priorité, l'indispensable est à privilégier ensuite vient l'utile et enfin l'agréable. Il est ainsi utile de penser à une chose, agréable d'en parler mais indispensable d'agir pour la rendre réelle.

S'exprimer à travers le langage de l'action consiste non seulement à donner la plus grande priorité à l'action mais aussi et surtout à n'utiliser que l'action comme seul canal pour porter une information, une aptitude, une intention, un concept à la connaissance des autres.

Il est facile de constater que penser et parler tout le temps sans rien faire n'a jamais mener à quelque chose de concret alors que poser tout le temps les bonnes actions sans jamais rien dire suffit pour montrer à la face du monde de quoi vous êtes capables.

Evitons donc de dire que nous allons faire et en lieu et place, bornons nous à ne faire que faire. Nous parlerons ainsi beaucoup moins mais notre productivité s'en trouvera décuplée.

Devenir des hommes d'actions augmente notre visibilité, accentue notre crédibilité et démultiplie notre force d'insuffler aux autres la motivation indispensable pour qu'ils puissent nous emboiter le pas. Le vrai leader inspire à travers l'exemple que lui-même donne par sa conduite et ses différentes actions. Ce que tu fais te fais dit-on, il nous incombe donc d'intégrer que nous ne sommes faits de rien d'autre que ce que nous faisons.

BONNE MÉDITATION

Email : peacelifegoeson77@yahoo.com – Téléphone (+229) 66 44 81 82 / 94 68 88 17

Texte n°25 : Traiter les autres indépendamment de leurs conditions sociales, une école à laquelle beaucoup doivent se réinscrire

Un monsieur généreux offre toujours des présents à un fou de son quartier. Le fou, à chaque fois qu'il prenait le présent chez le monsieur lui confie qu'il lui offrirait également un cadeau un jour.

Le jour arriva, et le fou offrit au Monsieur riche et généreux un tableau sur lequel il est inscrit "SI C'ÉTAIT TOI". Il pouvait le jeter une fois arrivé à la maison n'est-ce pas ?? Mais au contraire notre Monsieur a accroché le tableau que lui a offert son ami au chevet de son lit.

Un jour le Monsieur riche et généreux tomba malade et son Médecin devrait venir le soigner à la maison. Une de ses deux femmes est allée entre temps voir le Médecin et lui a proposé de l'argent pour tuer son mari. Le Médecin a accepté. Le jour où il devrait mettre en exécution son plan de meurtre arriva : il est rentré dans la chambre du Monsieur s'est assis sur le lit et en voulant lui administrer le produit mortel, il lève la tête et voit le tableau "SI C'ÉTAIT TOI". Tout affaibli, il décide de tout raconter au Monsieur.

Le fou est vraiment fou mais il voit des choses que nous ne voyons pas ! Ne négligeons personne, même les choses les plus insignifiantes pour d'autres doivent attirer notre attention car DIEU ne descend pas pour nous aider. Il est dans tout. Son omniprésence, son omniscience et son omnipotence se manifestent à travers toutes les choses qui nous entourent.

NE NÉGLIGEZ JAMAIS PERSONNE, MÊME SI VOUS CROYEZ ÊTRE SUPÉRIEUR AUX AUTRES, ET QU'ILS N'ONT RIEN OU N'AURONT RIEN À VOUS DONNER...

BONNE MÉDITATION

Email : peacelifegoeson77@yahoo.com – Téléphone (+229) 66 44 81 82 / 94 68 88 17

Texte n°26 : Pourquoi moi? La question que l'on se pose fréquemment lorsque quelque chose de mal nous arrive

Un maître spirituel très célèbre suite à quelques révélations troublantes qui ont fait l'objet d'un soulèvement populaire a été longuement lapidé au point où il est devenu très faible et agonisant.

Dans une correspondance que lui a envoyée l'un de ses apprenants, il y avait cette question: « Pourquoi Dieu t'a-t-il choisi pour une si mauvaise situation? »

Voici la réponse du maître spirituel:

Quand tout allait bien, je donnais des enseignements à la population sans aucun problème. Je n'ai jamais demandé à Dieu : « Pourquoi moi? »

Alors, maintenant que la situation s'est inversée, pourquoi devrais-je demander à Dieu: « Pourquoi moi? »

- ✓ *Que le bonheur nous garde doux!*
- ✓ *Que les essais nous gardent fort!*
- ✓ *Que les souffrances nous gardent humain!*
- ✓ *Que l'échec nous maintienne humble!*
- ✓ *Que le succès nous garde incandescent!*

Mais seulement, prenons garde.

Parfois, nous ne sommes pas satisfaits de notre vie, alors que beaucoup de gens dans ce monde rêvent de vivre notre vie.

Un enfant dans une ferme qui voit un avion la survoler, fait des rêves de voler en avion. Mais un pilote dans l'avion voit la même ferme et rêve de rentrer chez lui.

C'est la vie!

Email : peacelifegoeson77@yahoo.com – Téléphone (+229) 66 44 81 82 / 94 68 88 17

Apprécions la nôtre........

Si la richesse était le secret du bonheur, alors les riches devraient danser dans les rues. Mais seuls les enfants pauvres le font.

Si la puissance assurait la sécurité, alors les VIP marcheraient sans surveillance. Mais seuls ceux qui vivent simplement, dorment profondément.

Si la beauté et la renommée apportaient des relations idéales, alors les célébrités devraient avoir les meilleurs mariages.

Vivons simplement, soyons heureux! Marchons humblement devant Dieu et les hommes; acceptons avec humilité la situation que Dieu vous impose par sa sagesse et aimons sincèrement, car Dieu notre créateur est AMOUR!

BONNE MÉDITATION

Email : peacelifegoeson77@yahoo.com – Téléphone (+229) 66 44 81 82 / 94 68 88 17

Texte n°27 : Sur quoi se prononcer ? Que taire ? deux grandes interrogations de tous les jours

Un maître spirituel très célèbre devait animer une conférence. Le jour de l'événement, la salle est pleine à craquer. Le conférencier est resté assis, silencieux et observant la foule durant plusieurs heures. À chaque heure pratiquement, des remous se faisaient entendre dans l'auditoire et un lot de participant sortait de la salle. Finalement, il ne restait qu'une seule personne et le maître lui a dit ce qui suit:

j'espère que tu as compris tout ce que tu as écouté....

Le monsieur lui répond << je n'ai rien écouté. >>

Il demande alors au monsieur <<pourquoi attendais-tu toujours ?>>

Le monsieur lui répond << je tenais à voir le bout du tunnel. >>

Sois le bienvenu dit-il avant de se lancer dans les explications.

Mon intention en appelant à cette conférence est de faire comprendre aux gens que la première personne que nous devons écouter est nous-mêmes. Et pour cela, nous devons apprendre à faire silence et à garder le calme. Tous autant qu'ils sont s'attendaient à ce que je parle, que je développe des concepts ou que je propose des solutions extraordinaires...etc mais aucun d'eux n'a songé à s'écouter lui-même. La raison fondamentale pour laquelle l'humanité est en proie à des dysfonctionnements alarmants et grandissants est le fait de rechercher des solutions dans le monde extérieur sans jamais aller à l'intérieur d'elle-même. Chacun a en lui un guide, une voix, une conscience....qui l'oriente, lui parle, l'éclaire et l'inspire. C'est ce qui explique l'adage *le silence est l'élocution de la sagesse*. Tu dois donc apprendre à te taire si tu veux:

- ✓ accéder aux secrets de la vie
- ✓ accéder à ta voix intérieure
- ✓ rester concentré et lucide
- ✓ rester en harmonie avec toi-même

Email : peacelifegoeson77@yahoo.com – Téléphone (+229) 66 44 81 82 / 94 68 88 17

- ✓ mieux appréhender ce qui se passe autour de toi et en toi
- ✓ éviter de trahir un secret

....

Cependant en société, tu dois savoir quand rompre avec le silence (savoir ce sur quoi se prononcer) et quand se taire.

Ainsi, retiens d'une part que tu dois taire toute information même prouvée:

- ✓ dont la divulgation porte atteinte à des vies humaines
- ✓ dont la divulgation crée plus de tort qu'elle ne suscite un changement de comportement
- ✓ dont la divulgation pourra porter atteinte à l'ordre public

......

Mais dans ce silence, tu as le devoir de mettre en place toutes les stratégies possibles pour susciter un changement de comportement des acteurs concernés sans quoi tu deviens un complice. Saches aussi que ne rien dire n'est pas synonyme de pas connaître ou de ne pas avoir la preuve.

D'autres part, tu dois te prononcer sur:

- ✓ des dysfonctionnements locaux constatés et qui affectent directement ou indirectement la cohésion d'un groupe, d'une structure, d'une relation...etc
- ✓ des comportements anodins qui portent atteinte aux valeurs sociales et à l'intégrité humaine
- ✓ des pratiques de nature à porter du discrédit sur la personne humaine

....

La finalité de tes interventions doit être de préserver la cohésion sociale et d'amener les acteurs à mieux intégrer les principes naturelles y afférents. Tu ne dois pas faire usage des propos de nature à porter des jugements, proférer des injures, jeter de l'opprobre humilier....

Il finit par cet adage:

Le sage sait ce qu'il dit alors que l'ignorant dit ce qu'il sait. BONNE MÉDITATION

Email : peacelifegoeson77@yahoo.com – Téléphone (+229) 66 44 81 82 / 94 68 88 17

Texte n°28 : Concilier rigueur et flexibilité, un casse-tête permanent pour l'humanité

Avant tout, la rigueur est une exactitude accrue qui n'autorise aucune marge de manœuvre outre celle imposée par les normes en vigueur, ceci indépendamment du milieu, des circonstances, du contexte et des acteurs concernés.

La flexibilité quant à elle fait référence à l'aptitude à s'adapter, à trouver des compromis, à tenir compte des circonstances et du contexte..., ceci sans trop privilégier la norme en vigueur mais les facteurs humains et les effets émotionnels y afférents.

Ainsi, bien que ces deux concepts sont diamétralement opposés, le fait d'adopter la rigueur au détriment de la flexibilité pourrait non seulement faire de l'individu un extrémiste mais aussi pourrait le conduire à porter atteinte à la stabilité de son environnement et le fait d'adopter la flexibilité au détriment de la rigueur pourrait non seulement engloutir l'individu dans un laxisme criard mais aussi le conduire à devenir une menace pour le respect des normes quelles qu'elles soient.

On se rend compte que le niveau d'harmonisation de l'individu avec son milieu est directement lié à sa capacité à concilier ces deux concepts pourtant situés aux antipodes de l'échelle de valeurs de l'humanité.

En effet, la rigueur est indispensable dans tout processus devant mettre en valeur le respect des normes et l'adoption de nouvelles contraintes. Elle est incontournable lorsqu'il est question de:

- ✓ mettre en place une discipline personnelle
- ✓ construire une nouvelle habitude
- ✓ détruire une mauvaise habitude
- ✓ donner l'exemple ou insuffler une nouvelle dynamique
- ✓ apprendre de nouvelles choses
- ✓ s'harmoniser avec les lois cosmiques
- ✓ se hisser à un piédestal plus élevé

....

Email : peacelifegoeson77@yahoo.com – Téléphone (+229) 66 44 81 82 / 94 68 88 17

En ce qui concerne la flexibilité, elle s'avère utile dans les situations de crises accrue où l'on recherche des portes de sortie et aussi pour maitriser les situations qui échappent au contrôle. Elle doit être adoptée lorsqu'il est question de:

- ✓ juguler une crise
- ✓ rapprocher deux parties en désaccord
- ✓ faire preuve de stratégie pour maîtriser une situation qui échappe au contrôle
- ✓ faire preuve d'humilité
- ✓ se mettre à l'écoute des autres
- ✓ négocier un partenariat
- ✓ faire adhérer à une opinion

....

De même qu'il est suicidaire de faire preuve de rigueur dans les circonstances où la flexibilité est de mise, il est mortel de faire usage de la flexibilité là où la rigueur s'impose.

Vu la délicatesse que revêt l'absence d'interchangeabilité de ces deux concepts, Il est clair que l'intellect à lui seul ne saurait nous guider pour faire la part des choses, il nous faut une bonne dose de discernement couplée avec notre guidance intérieure pour nous éclairer.

BONNE MÉDITATION

Texte n°29 : Le principe de l'équilibre cosmique: un couteau à double tranchant qui ne dit pas son nom

Principe vénéré des grands maîtres spirituels et des initiés de haut rang, le principe de l'équilibre cosmique stipule qu'il existe au sein du cosmos un mécanisme incorruptible et autonome qui intègre tous les paramètres nécessaires pour faire la part des choses et situer les responsabilités et qui se charge de son fonctionnement et de sa régulation.

Ce principe aussi simple qu'il paraît dans sa formulation représente la pierre angulaire du pouvoir de cocréation qui fait partie des attributions naturelles de l'être humain.

En effet, chaque jour qui se lève, l'humain déséquilibre d'une manière ou d'une autre l'ordre du cosmos sans le savoir. Le type de déséquilibre causé est lié à la conscience qui a été à son origine. Si cette conscience intègre la notion selon laquelle *les autres ne sont qu'un autre vous* et que *la séparativité apparente est une illusion*, le déséquilibre causé est perçu comme de la valeur ajoutée pour les autres et un mieux-être à la communauté en ce sens que personne n'aime se faire du mal.

Dans le cas contraire, c'est à dire lorsque la conscience qui est à l'origine de ce déséquilibre se fonde sur *l'individualisme* et sur *la recherche de l'intérêt personnel au détriment des autres*, il s'apparente à la ruse, à l'espièglerie, à la taquinerie, à la trahison, à la concurrence, à la transgression flagrante et consciente des droits d'autrui etc.

Dans le premier cas, le principe de l'équilibre cosmique créera des circonstances pour assurer la croissance et l'évolution des responsables de ce type de déséquilibre car, telles ont été les effets des causes dont ils ont été les auteurs.

Dans le deuxième cas les responsables devront expérimenter les effets des causes dont ils ont été les auteurs et ceci indépendamment de leur rang social, de leur appartenance religieuse, de leur relationnel, de leur niveau dans les sciences occultes...etc

Ainsi, croire que :

- ✓ nous pouvons manipuler les autres à notre avantage sans tenir compte de leurs intérêts
- ✓ nous pouvons faire subir aux autres ce que nous n'aimerions jamais vivre

Email : peacelifegoeson77@yahoo.com – Téléphone (+229) 66 44 81 82 / 94 68 88 17

- ✓ nous sommes plus intelligents que le principe de l'équilibre cosmique
- ✓ nous pouvons faire des choses et passer inaperçu
- ✓ nous sommes plus rusés que les autres
- ✓ nous pouvons poser de bonnes actions et refuser que de bonnes actions soient posées à notre endroit
- ✓ nous pouvons faire ce qui nous passe par la tête sans en répondre
- ✓ nous avons des pouvoirs occultes qui nous permettent d'agir comme bon nous semble

……………,

C'est la meilleure façon de se retrouver en conflit avec le principe de l'équilibre cosmique.

En réalité personne n'a jamais rien fait à quelqu'un (que ce soit dans le sens négatif ou positif du terme) mais tout le monde sans exception a toujours fait des choses à l'endroit du principe de l'équilibre cosmique. Les périodes de régulation de ce principe ne sont pas toujours celles imaginées par la logique humaine et les équivalences pris en compte par ce principe sont d'une précision déconcertante.

Nos actions, pensées et paroles quotidiennes partent certes de nous vers les autres mais ce faisant,

c'est un lendemain meilleur, une vie tranquille et paisible, la joie de vivre, la croissance morale et spirituelle, la prospérité, la protection spirituelle, la grâce et les bénédictions, l'abondance sous toutes ces formes etc

ou

un acharnement du sort contre nous, une vie misérable pleine de déceptions de tous genres, l'insuccès répétitif, un manque perpétuel d'opportunités, un éternel enfer etc

que construisons.

Prenons garde.

BONNE MÉDITATION

Email : peacelifegoeson77@yahoo.com – Téléphone (+229) 66 44 81 82 / 94 68 88 17

Texte n°30 : La peur du vide, l'élément central empêchant la coopération avec l'intelligence cosmique

L'un des instincts les mieux développés de nos jours au niveau du règne humain est la recherche de support destinés à empêcher la chute éventuelle ou à jouer le rôle d'élément auquel l'on peut s'accrocher pour ne pas se retrouver dans le désarroi. Logiquement, cela tient car s'aventurer dans le vide est souvent une option qui ne réussit à s'imposer que lorsque toutes les autres tentatives de s'accrocher ont échoué.

Cependant, plusieurs faits de notre quotidien dont celui cité ci-après doit interpeller notre conscience et susciter analyses et réflexions de notre part à ce sujet.

Malgré toutes les charges qu'elle supporte, notre planète terre est sans support dans l'espace

On voit bien que même si la théorie de l'apesanteur essaye d'expliquer ce fait, des interrogations demeurent toujours en ce qui concerne sa compréhension profonde pour un esprit logique et rationnel.

En effet, si l'espace vide est effectivement vide comme l'esprit humain rationnel se le représente, le fait cité ci-dessus est irrationnel et sort de l'ordinaire. Ceci prouve que le rationnel et la logique humaine ne sont pas toujours compétents pour expliquer tous les phénomènes qui nous entourent.

Approchés par rapport à ce casse-tête, les grands initiés ont fait cas de l'existence d'une intelligence cosmique dont la logique:

- ✓ supplante la logique humaine
- ✓ intègre le principe de l'équilibre cosmique, (principe d'autorégulation)
- ✓ est de mettre en place les conditions indispensables pour pourvoir aux besoins de toutes les créatures
- ✓ est de coopérer avec l'humanité pour l'aider dans la réalisation de ses objectifs qui sont en harmonie avec elle

Ainsi, *le hasard, cause ignorée d'un effet connu* selon *Sévérinius* est selon ces grands maîtres spirituels, *le résultat de la manifestation d'une logique de l'intelligence cosmique que l'intelligence humaine n'arrive pas à appréhender.*

Email : peacelifegoeson77@yahoo.com – Téléphone (+229) 66 44 81 82 / 94 68 88 17

On comprend donc qu'aucune situation, du déplacement de la fourmi au rugissement du lion en passant par l'écoulement de la rivière et le soufflement du vent n'échappe au contrôle de l'intelligence cosmique.

Chercher à toujours s'accrocher sans jamais faire l'expérience de s'ouvrir au vide est la cause du développement de l'esprit de concurrence à une échelle exponentielle dans la société.

Lorsque l'individu prend conscience qu'*il existe un mystère naturel dans l'air* comme le disait *Bob Marley* dans Natural Mystic et qu'il peut coopérer avec cette intelligence dans le sens de la réalisation de ses objectifs (en harmonie avec cette intelligence), il s'accroche moins aux choses et tue progressivement en lui l'esprit de concurrence faisant ainsi émerger l'esprit de créativité et de service de la communauté.

C'est alors qu'il comprend et expérimente le fait qu'il y en a plus qu'assez pour tous.

BONNE MÉDITATION

Email : peacelifegoeson77@yahoo.com – Téléphone (+229) 66 44 81 82 / 94 68 88 17

Texte n°31 : La soif de l'exercice d'autorité sur autrui, le point de déconnexion de l'humain avec l'intelligence cosmique

Depuis la nuit des temps, la volonté de dominer autrui ou d'exercer de l'autorité sur son voisinage est l'un des réflexes facilement remarquables qui s'érige progressivement à mesure que les jours passent en un indicateur d'ascendance ou d'influence dans un milieu.

Cet état de chose, de nos jours, séduit beaucoup d'esprits qui en font une mode voir une raison d'être au détriment du respect de la valeur de la personne humaine.

Signalons au passage qu'il existe deux grands types d'exercice de l'autorité sur autrui:

Primo, l'autorité naturelle, mue par le principe *ce que je veux pour moi, je le veux aussi pour les autres*, s'impose d'elle-même de par le consentement collectif dont elle bénéficie et qui découle de la concordance et de l'adéquation des valeurs et idées véhiculées avec celles du voisinage. Dans ce cas, toutes les personnes concernées sont convaincues que l'exercice de cette forme d'autorité à leurs égards, loin de les réduire en inférieurs ou en esclaves, apporte de la valeur ajoutée à leurs existences et à leurs personnes physiques.

Secundo, l'autorité imposée, mue par le principe *rien sans moi, tout pour moi et par moi* ne vise qu'à avoir de l'ascendance sur autrui pour pouvoir le manipuler et l'utiliser en vue d'atteindre ses propres objectifs. Dans ce cas, l'exercice de l'autorité est subit par le voisinage et ceci au détriment de la préservation des intérêts du groupe. Seul le dominateur sait où il va et ce n'est que son image et sa réputation qui bénéficient des retombées des actions des autres.

On voit donc qu'alors que dans le premier cas, l'intérêt du groupe ainsi que le respect de la valeur humaine sont pris en compte, ils sont bafoués dans le second cas.

L'intelligence cosmique militant toujours dans l'intérêt de la cause commune, la seconde forme d'exercice de l'autorité est un moyen sûr de se déconnecter d'elle.

L'exercice de la deuxième forme d'autorité n'est pas toujours explicite, il peut aussi être implicite et se constate dans les cas ci-après:

- ✓ Faire aux autres ce que l'on n'aimerait pas que les autres vous fassent

Email : peacelifegoeson77@yahoo.com – Téléphone (+229) 66 44 81 82 / 94 68 88 17

- ✓ Ne pas respecter la parole donnée
- ✓ Contribuer ou être l'auteur de n'importe quelle forme de trahison
- ✓ Considérer que les autres sont moins intelligents que soi
- ✓ Chercher à tirer profit des autres sans jamais rien apporter
- ✓ Vouloir être apprécié par tout le monde
- ✓ Ne pas dire la vérité aux autres

......

Ainsi, il nous faut comprendre non seulement que tout le monde est à la recherche d'un mieux-être comme nous mais aussi et surtout que pour une harmonie durable au sein de la société, nos agissements, nos initiatives, nos projets, nos idées, nos propos quotidiens se doivent d'intégrer ce fait qui n'a l'air de rien mais qui constitue la pierre angulaire de toute synergie.

BONNE MÉDITATION

Email : peacelifegoeson77@yahoo.com – Téléphone (+229) 66 44 81 82 / 94 68 88 17

Texte n°32 : L'humilité, le fondement véritable de la grandeur d'âme

À l'antipode de la vanité qui porte à se mettre au-dessus des autres et de l'opinion très avantageuse, le plus souvent exagérée qu'une personne a de sa valeur personnelle aux dépens de la considération due à autrui, l'humilité est une vertu qui nous donne le sentiment de notre faiblesse.

Elle est un indicateur du niveau d'expansion de conscience de l'individu en ce sens que la façon dont l'individu considère autrui n'est rien d'autre que la réflexion du niveau de conscience qu'il a atteint dans la compréhension de sa propre nature. En effet, moins il se comprend ou a une appréhension claire de sa propre nature, plus il est tenté de se définir par rapport à des réalités matérielles et donc de s'attribuer l'appartenance à une catégorie qui supplante, est égale ou est inférieure à celle des autres. Et, plus il découvre et expérimente sa nature immatérielle et la relation que cette nature a avec le cosmos, plus il comprend le principe des initiés qui stipule que *nous sommes un*. Il lui devient alors difficile de s'exprimer, de raisonner ou d'agir en se limitant à l'aspect matériel des choses ou en se comparant de quelque manière que ce soit à autrui. Il sait qu'au-delà de l'apparence dans la matière, tout ce qui l'entoure et lui sont liés par une relation d'interdépendance (relation dans laquelle, il n'y a ni d'inférieur ni de supérieur).

Du coup, il sait qu'*il n'est supérieur ni inférieur à qui que ce soit ou à quoi que ce soit*.

L'humilité n'est pas à confondre avec la fausse modestie car cette dernière amène les individus à s'effacer juste pour donner une impression de grandeur ou de maturité alors que dans le fond, ces derniers demeurent des aspirants à la gloire ou aux félicitations d'autrui.

Il n'est pas étonnant de constater que de nos jours, les vertus y compris celle de l'humilité se rarifient. En effet, la course effrénée derrière les biens matériels et la priorisation de la transgression des lois et principes cardinaux de la vie au détriment de la promotion, de la culture, du respect et de l'adoption des valeurs spirituelles d'équité comme norme de croissance personnelle et sociétale explique ce fait qui malheureusement tend à se généraliser. C'est ainsi que des personnes:

- ✓ se livrent à tous types de pratiques (même contraires aux moeurs) juste pour un avantage matériel
- ✓ passent leur temps à humilier publiquement les autres juste pour leur gloire personnelle

Email : peacelifegoeson77@yahoo.com – Téléphone (+229) 66 44 81 82 / 94 68 88 17

- ✓ se font passer pour ce qu'elles n'ont jamais été ou ne seront jamais juste pour être respecté, considéré ou gagner la confiance d'autrui
- ✓ mentent sur le compte des autres juste pour leur coller une mauvaise image et se donner de la valeur
- ✓ maltraitent et manipulent leurs prochains sous prétexte qu'elles ont de l'autorité sur ces derniers
- ✓ s'estiment plus rusées ou plus intelligentes que les autres au point même de le manifester à travers leurs comportements
- ✓ sont devenues des champions dans le fait de faire à autrui ce qu'elles n'auraient jamais aimé qu'on leur fasse

....

C'est vraiment dommage, mais c'est une triste réalité que nous devons accepter. Les valeurs spirituelles et cardinales de la vie vont en se désintégrant progressivement jusqu'au jour où elles deviendront des mythes.

Chaque personne devra faire le bilan à son niveau pour se rendre compte de la place réelle qu'elle donne au respect des normes et valeurs sociétales dans sa vie. Il en va de son intérêt et de l'intérêt de la communauté.

BONNE MÉDITATION

Email : peacelifegoeson77@yahoo.com – Téléphone (+229) 66 44 81 82 / 94 68 88 17

Texte n°33 : Le respect de la parole donnée: une qualité qui ne court plus les rues de nos jours

Depuis toujours, joindre la pratique à la théorie a toujours été un casse-tête permanent qui est à l'origine de la plupart des écarts, disparités, dérives et déviances observés au sein de la communauté.

En effet, s'il n'est aujourd'hui un secret pour personne que le fait de donner sa parole est facile, il demeure tout aussi trivial pour l'esprit humain que le fait de joindre l'action à la parole n'est pas chose simple. Beaucoup de personnes:

- ✓ font des promesses mielleuses
- ✓ donnent de l'espoir à autrui sur des thématiques variées
- ✓ font usage des propos enivrants
- ✓ miroitent par la parole des intentions plaisantes et captivantes

.....

Mais ce qui est courant à notre époque est que très peu de personnes arrivent à poser des actions rimant avec les propos et dits dont-elles ont été les auteurs. Cet état de chose est si poussé que certains considèrent le fait d'être en mesure de construire des châteaux en Espagne sans jamais poser la moindre action allant dans ce sens non seulement comme un indicateur d'intelligence mais aussi et surtout comme l'expression d'une préséance mentale sur autrui.

Les initiés approchés par rapport à cette thématique ont fait comprendre que *le non-respect de la parole donnée est l'une des causes fondamentales de l'aphonie spirituelle* en ce sens que *chaque fois que nous disons des choses que nous ne faisons pas ou que nous ne sommes pas en mesure de faire, nous nous éloignons progressivement et inconsciemment du pouvoir du verbe qui fait partie des pouvoirs naturels que nous avons à notre actif du fait même de notre nature humaine*. Ils ont mis l'accent sur le fait que quelqu'un qui prend l'habitude de ne pas agir conformément à ce qu'il dit ne devrait pas être étonné du fait qu'il lui devienne impossible avec le temps de matérialiser ses intentions et aussi ses paroles. C'est alors qu'ils ont souligné de plusieurs traits l'importance de l'adoption de la vérité aussi bien en pensée, en parole qu'en action. Ils en sont arrivés à la révélation des *trois préceptes qui constituent la base de l'équilibre entre la pensée, la parole et l'action*:

Email : peacelifegoeson77@yahoo.com – Téléphone (+229) 66 44 81 82 / 94 68 88 17

- ✓ Ne dis pas ce que tu ne penses pas,
- ✓ Fais toujours ce que tu dis,
- ✓ Ne t'attarde pas à toujours faire transiter tes pensées par la parole avant de les transformer en action.

Ainsi, prendre l'habitude de:

- ✓ mentir à tout bout de champs
- ✓ faire des promesses que l'on ne réalise jamais
- ✓ parler rien que pour séduire
- ✓ parler pour se donner une image de marque
- ✓ parler pour paraître

.....

constitue une façon détournée de se faire du mal mais qui est ignorée de beaucoup de personnes.

Chacun devra en ce qui le concerne se mirer à travers ces trois préceptes pour s'évaluer et prendre des engagements idoines et fermes envers sa propre existence afin de devenir un vecteur important du développement de sa communauté.

BONNE MÉDITATION

Email : peacelifegoeson77@yahoo.com – Téléphone (+229) 66 44 81 82 / 94 68 88 17

Texte n°34 : L'apport de valeur ajoutée, une pratique plus banale qu'elle ne paraît

Depuis des éons, la grande majorité de la population humaine a toujours aspiré à:

- ✓ la croissance personnelle
- ✓ l'évolution
- ✓ la prospérité
- ✓ l'abondance sous toutes ses formes
- ✓ l'amélioration des conditions de vie
- ✓ la contribution au développement de la communauté

...etc

sans vraiment savoir la manière concrète par laquelle elle doit s'y prendre.

Ce constat fort trivial qui donne à cette préoccupation un caractère énigmatique est toujours resté un casse-tête permanent au point où certains en sont arrivés à dire ouvertement que la vie est injuste.

Pourtant, un examen minutieux de la question permet de se rendre compte que sa complexité réside dans la conception que la plupart se font de l'apport de valeur ajoutée et de la place qu'ils lui donnent dans le processus de recherche de solution à ladite question.

En effet, défini comme la mise à disposition d'éléments matériels ou immatériels susceptibles de combler un écart négatif ou de créer une excentricité positive, l'apport de valeur ajoutée est non seulement une unité de mesure du niveau d'interaction positive mais aussi un canal principal d'appréhension de l'influence mutuelle positive.

Ainsi, s'il est vrai que la capacité à apporter de la valeur ajoutée est innée et intrinsèque à chacun du fait de son unicité et des potentialités et aptitudes dominantes qu'il possède, il n'en demeure pas moins que cette capacité varie en fonction des milieux où l'individu se trouve. Ceci explique le fait qu'aucun individu ne peut être inutile à tous points de vue dans tous les milieux. Il ressort de ce qui précède que chaque individu indépendamment de:

- ✓ sa formation
- ✓ son rang social

- ✓ ses relations
- ✓ ses origines
- ✓ sa race
- ✓ son appartenance ou non à une congrégation ou à un réseau,

.....etc

a quelque chose à apporter pour contribuer d'une manière ou d'une autre au renforcement du climat de sérénité, de tranquillité d'esprit et de joie de vivre au sein de sa communauté. Ce faisant, il devient un gardien pour son semblable et une source de bénédiction pour autrui.

Il n'est pas question d'attendre de:

- ✓ se trouver au bon endroit
- ✓ acquérir de nouvelles aptitudes
- ✓ avoir une certaine position sociale donnée

.......etc

pour agir mais de trouver dans son milieu ce dont on peut déjà faire office de solution et de commencer par mettre à disposition ses aptitudes aussi bien acquises qu'innées de façon à combler effectivement un vide réel. Le principe de l'équilibre cosmique se chargera du reste car de même que vous n'avez ménagé aucun effort pour constituer la solution au problème d'autrui, ce principe créera les circonstances pour que ce qui constitue un problème pour vous soit comblé par l'action de quelqu'un qui dispose des aptitudes avérées et adéquates pour le résorber.

Rappelons-nous que *notre véritable valeur réside beaucoup plus dans ce que nous apportons aux vies qui nous entourent qu'à ce que nous retirons de ces vies*

et

faisons en sorte que notre présence dans un milieu n'équivalle jamais à notre absence.

BONNE MÉDITATION

Email : peacelifegoeson77@yahoo.com – Téléphone (+229) 66 44 81 82 / 94 68 88 17

Texte n°35 : L'autodiscipline, l'autre façon de désigner le point de départ de la croissance personnelle

De nos jours, on n'a pas besoin d'être un érudit pour comprendre que la recherche du mieux-être est la base de toutes les aspirations dans la vie.

Le fait que cette quête emballe plus d'un et qu'au bout du rouleau, seuls quelques-uns arrivent à se tirer d'affaire est la preuve que le chemin qui mène à cette destination est parsemé d'embûches qui ne se laissent traverser que par ceux qui s'arment d'une bonne dose de discipline.

Non seulement perçue comme la base des méthodes d'instruction et d'éducation mais aussi comme l'ensemble des techniques fondées sur le respect des valeurs et des composantes de l'harmonie sociale, la discipline peut être définie comme l'alignement aux règles de conduite communes à tous ceux qui font partie d'une groupe d'une communauté...etc

Ainsi, si à l'échelle générale, la discipline permet de:

- ✓ mettre en valeur le mérite de chacun
- ✓ favoriser l'harmonie au sein d'un groupe
- ✓ faciliter la collaboration
- ✓ donner lieu à des interactions sans répercussions négatives

........,

elle permet à l'échelle personnelle de se fixer des règles de conduite personnelles et de trouver les moyens de les respecter pour se donner un certain nombre de plis indispensables dans tous processus menant à l'atteinte de résultats précis.

On se rend compte que pour croître au plan personnel c'est à dire intégrer

- ✓ de nouvelles aptitudes
- ✓ de nouveaux comportements
- ✓ de nouvelles valeurs

.....

Email : peacelifegoeson77@yahoo.com – Téléphone (+229) 66 44 81 82 / 94 68 88 17

et travailler sur soi pour les appliquer efficacement dans sa vie jusqu'à en développer l'automatisme, il est indispensable de se forger une discipline personnelle en ce sens que:

- ✓ les transformations positives
- ✓ les remises en cause personnelles
- ✓ les redéfinitions de ses cercles de fréquentation
- ✓ les abandons de mauvaises habitudes
- ✓ les définitions d'objectifs personnels
- ✓ les actions réussies
- ✓ les quêtes favorables

....

sont possibles seulement parce que des efforts personnels ont été faits dans ces sens respectifs.

Dans ces circonstances *au lieu d'attendre que la société nous dicte ce que nous devons faire, il vaut mieux que chacun apprenne à se dicter ce qu'il doit faire car s'il est vrai que la société nous utilise pour l'atteinte des objectifs qui nous sont extérieurs*, il n'en demeure pas moins que *chacun a le devoir de s'utiliser pour l'atteinte de ses objectifs personnels.*

BONNE MÉDITATION

Email : peacelifegoeson77@yahoo.com – Téléphone (+229) 66 44 81 82 / 94 68 88 17

Texte n°36 : Quelques conseils d'un vieux sage: des outils de prédilection pour jouer efficacement sa partition au sein de la société

Il y avait dans un village un vieux sage qui de par sa philosophie de la vie, son comportement et sa rigueur dans la pratique des valeurs morales fascinait plus d'un.

La plupart l'admirait et voulait même lui ressembler.

Un jour, un jeune homme se rapprocha de lui et lui posa les deux questions ci-après:

Qu'est-ce que la sagesse?

Comment être sage?

Le vieux sage répondit:

Je ne sais rien de la sagesse.

Tout ce que je sais, c'est que la vie est une occasion de rencontrer des vivants, des hommes comme toi et moi.

Fais en sorte que toute personne que tu rencontres, ne serait-ce qu'une fois en passant, ne regrette pas de t'avoir connu.

Fais en sorte que ta famille, tes amis, tes collègues souhaitent ta présence et regrettent ton absence.

Sois serviable et ne néglige personne pour sa condition sociale car avant d'avoir ou de savoir quoi que ce soit, chaque humain est un être issu de la création du divin.

L'humain est respectable par ses origines.

Accepte les torts de tout le monde car c'est la volonté de Dieu que le mal ou le bien des uns et des autres te parviennent.

Email : peacelifegoeson77@yahoo.com – Téléphone (+229) 66 44 81 82 / 94 68 88 17

N'envie surtout personne dans la fortune matérielle car toute richesse comporte son lot d'exigences.

Sois prompt à donner et facile à pardonner.

Écoute plus ton coeur que celui des autres; suis plutôt ton chemin que celui des autres.

Enseigne à l'ignorant qui rêve de s'instruire et laisse parler l'orgueilleux qui pense tout connaître.

Je pourrai continuer mais je préfère résumer le reste en une courte phrase:

" *Ne te plains pas, ni de la vie, ni de personne.*"

Pour une vie paisible en communauté, il revient à chacun de s'approprier ces préceptes du vieux sage et de s'évertuer dans la mesure du possible à les mettre en application dans sa vie au quotidien.

Nous sommes appelés à inspirer notre entourage par nos comportements et agissements quotidiens.

Ce devoir nous exige implicitement :

- ✓ de privilégier des actions qui ajoutent de la valeur à notre image et apportent un plus à notre entourage
- ✓ d'accepter notre condition et de l'utiliser comme moyen d'éclairer autrui et d'atteindre de nouveaux horizons
- ✓ d'avoir du respect pour la personne humaine indépendamment de sa condition sociale
- ✓ de jouer notre partition dans le développement de notre communauté en contribuant par nos actions, même les plus insignifiantes, à la création et au maintien du bien-être

....

Vu l'ampleur de notre responsabilité, chacun est appelé à s'armer des outils nécessaires pour jouer efficacement sa partition car l'avenir de la nation en dépend.

Prenons nos responsabilités. BONNE MÉDITATION

Email : peacelifegoeson77@yahoo.com – Téléphone (+229) 66 44 81 82 / 94 68 88 17

CONCLUSION

Le présent ouvrage intitulé **Initiation à l'apprentissage de la vie** aborde trente-six (36) thématiques à travers des textes judicieusement choisis à cet effet. Les thématiques sont inspirées des situations rencontrées dans notre vie de tous les jours. Les textes plongent les lecteurs dans un univers qui n'est pas trop différent de leurs vécus quotidiens tout en suscitant de leurs parts une réflexion approfondie et impartiale pour déceler l'essence des enseignements et principes de vie qui s'y dissimulent.

Les lecteurs qui auront parcouru ces textes comme ils le feraient dans un roman ne percevront pas réellement leurs valeurs ajoutées. Ceux qui par contre se seraient attardés sur chacun de ces textes, auraient fait l'effort mental nécessaire pour comprendre l'essentiel des enseignements qu'ils contiennent, se seraient mirés par rapport à ces acquis et auraient mené des actions concrètes allant dans le sens de la réduction des éventuels écarts négatifs constatés, pourront témoigner de l'efficacité de cet ouvrage.

Toute personne désirant s'améliorer sur le plan comportemental et voulant changer sa façon de voir son quotidien en vue de s'affranchir de la dualité apparente de la vie et qui aurait procédé comme indiqué ci-dessus ne pourra qu'être satisfait des résultats qu'elle aura obtenus.

Cet ouvrage pourra aider dans tout processus :

- ✓ d'accoutumance aux réflexions approfondies sur la vie
- ✓ de reprogrammation mentale,
- ✓ d'apprentissage du savoir être et du savoir vivre,
- ✓ de recherche d'équilibre émotionnel,
- ✓ de formation aux valeurs indispensables pour un bon fonctionnement de la société,
- ✓ de transmission de valeurs pour induire un changement de comportement,
- ✓ de transmission des fondamentaux de l'exemplarité

........etc

Email : peacelifegoeson77@yahoo.com – Téléphone (+229) 66 44 81 82 / 94 68 88 17

Printed by Books on Demand GmbH, Norderstedt / Germany